교과서 옆 개념 잡는 초등낱말활용 사전

1판 1쇄 발행 | 2020. 10. 27.
1판 2쇄 발행 | 2022. 1. 11.

김금희 글 | 우지현 그림 | 김대조 감수

발행처 김영사
발행인 고세규
편집 김지아 | 디자인 윤소라 | 마케팅 곽희은 | 홍보 박은경, 조은우
등록번호 제 406-2003-036호
등록일자 1979. 5. 17.
주   소 경기도 파주시 문발로 197(우10881)
전   화 마케팅부 031-955-3100 편집부 031-955-3113~20
팩   스 031-955-3111

ⓒ 김금희
이 책의 저작권은 저자에게 있습니다.
저자와 출판사의 허락 없이 내용의 일부를 인용하거나 발췌하는 것을 금합니다.

값은 표지에 있습니다.
ISBN 978-89-349-9089-5 (74030)
ISBN 978-89-349-9038-3 (세트)

좋은 독자가 좋은 책을 만듭니다. 김영사는 독자 여러분의 의견에 항상 귀 기울이고 있습니다.
전자우편 book@gimmyoung.com | 홈페이지 www.gimmyoungjr.com

이 도서의 국립중앙도서관 출판시도서목록(CIP)은 서지정보유통지원시스템 홈페이지(http://seoji.nl.go.kr)와
국가자료공동목록시스템(http://www.nl.go.kr/kolisnet)에서 이용하실 수 있습니다.
(CIP제어번호 : CIP2020032415)

어린이제품 안전특별법에 의한 표시사항

제품명 도서 제조년월일 2022년 1월 11일 제조사명 김영사 주소 10881 경기도 파주시 문발로 197
전화번호 031-955-3100 제조국명 대한민국 ⚠주의 책 모서리에 찍히거나 책장에 베이지 않게 조심하세요.

교과서 옆

개념 잡는
초등낱말활용
사전

김대조 감수
김금희 글 · 우지현 그림

주니어김영사

머리말

국어를 사랑하는 마음을 길어 올리자

우리 민족은 반만 년 이상의 역사를 자랑하지만 민족 고유의 문자를 가진 역사는 고작 5백 년에 지나지 않습니다. 세종 대왕이 1443년 훈민정음을 창제하고 1446년 가을에 공식적으로 반포함으로써 비로소 문자를 가지게 되었지요. 이전까지는 우리말을 중국의 한자를 빌려서 기록했습니다. 그래서 말과 글이 달랐지요. 게다가 대부분의 백성은 어려운 한자를 배울 기회를 얻지 못해 글자를 모른 채 살았습니다. 그러한 모습을 안타깝게 여겨 세종 대왕이 훈민정음, 즉 한글을 만든 것입니다.

훈민정음은 그 우수성을 인정받아 유네스코 세계 기록 유산으로 등재되었습니다. 그리고 2009년 인도네시아의 바우바우 시의 소수 민족인 찌아찌아 족은 한글을 부족의 공식 문자로 채택했습니다. 우리가 중국의 한자를 빌려 썼던 것처럼 찌아찌아 족도 한글을 빌려 그들의 말을 적고 있는 것입니다. 참으로 자랑스러운 일이지요.

그뿐 아니라 세계 60여 나라의 7백여 개 대학에서 한국어를 가르치고 있으며, 국제 특허 협력 조약에서 채택한 국제 특허 출원 10대 공용어 중 하나가 한국어입니다. 한국어를 제2외국어로 가르치는 나라는 현재 27개국인데 점차 늘어날 전망이며, 실제로 한국어를 사용하고 있는 인구수도 세계 13위를 차지하고 있습니다.

이렇듯 우리의 어깨를 으쓱하게 해 주는 한글이 정작 우리나라에서는 홀대받고 있어 안타까운 마음입니다. 휴대 전화 문자 메시지나 인터넷에 올라온 글에는 정체불명의 줄임말이 가득하여 의사소통이 불가능할 정도입니다. 게다가 청소년들의 언어 생활에서 한글은 원래의 형태에서 멀어진 기형적인 모습으로 사용되고 있습니다.

국외에서는 훌륭한 문자로 대접을 받는 한글이 정작 우리나라에서는 망가지고 병들어 그야말로 만신창이가 되어 가는 현실이 안타까워 한글이 올바르게 쓰이기를 꿈꾸며 이 책을 썼습니다. 이 책을 통해 한글이 얼마나 섬세하고 아름다운지 느껴 보기를 바랍니다.

같아 보이지만 의미가 전혀 다른 낱말이나 형태와 의미가 비슷하여 헷갈리는 낱말들의 차이를 알고 가려 써, 한글을 더욱 아름답고 옹골차게 가꾸는 주역이 되기를 바랍니다.

'마중물'이라는 우리말이 있습니다. 수도가 없던 옛날에는 펌프로 지하의 물을 길어 올렸습니다. 이때 펌프에 물을 한 바가지 넣어야 지하수를 끌어올릴 수 있었습니다. 이 책이 여러분의 국어 사랑 마음을 길어 올리는 마중물 노릇을 할 수 있기를 기대합니다.

김금희

차례

머리말

ㄱ

가냘프다/가녀리다 • 10
가늘다/얇다 • 11
가늠하다/가름하다/갈음하다 • 12
가라앉다/잠기다 • 13
가락지/반지 • 14
가려내다/갈라내다 • 15
가렵다/간지럽다 • 16
가루다/가리다 • 17
가르다/나누다/노느다/쪼개다 • 18
가르마/가리마 • 19
가르치다/가리키다 • 20
가무러지다/가무러치다 • 21
가뭇없다/가뭇하다 • 22
가엽다/가엾다 • 23
가죽/거죽 • 24
가진/갖은 • 25
간간이/간간히 • 26
갈가리/갈갈이 • 27
갈기다/갈리다 • 28
갑절/곱절 • 29
값/삯 • 30
강남콩/강낭콩 • 31
같잖다/같지 않다 • 32
거름/걸음 • 33
거스르다/거슬리다 • 34
거저/그저 • 35
거치다/걷히다 • 36
건넌방/건넛방 • 37

걷잡다/겉잡다 • 38
게걸스럽다/게검스럽다 • 38
겨누다/겨루다 • 39
결단/결딴 • 40
고단하다/고달프다 • 41
고랑/이랑/두둑 • 42
고리다/구리다 • 43
고샅/고살 • 44
고주망태/모주망태 • 45
골다/곯다 • 46
곱다/아름답다/예쁘다 • 47
굳다/궂다 • 48
궁둥이/방둥이/엉덩이 • 49
귀퉁이/모퉁이 • 50
그러고 나서/그리고 나서 • 51
그러므로/그럼으로(써) • 51
그슬다/그을다 • 52
기르다/가꾸다/키우다 • 53
기특하다/대견하다 • 54
긷다/깁다 • 55
길짐승/날짐승 • 56
깍쟁이/깍정이 • 57
깜작/깜짝 • 58
껍데기/껍질 • 59
꼽다/꽂다 • 60
꾸지람/야단/지청구 • 60
끄르다/풀다 • 61
끈/줄 • 62
끓이다/쑤다 • 63

ㄴ

-ㄴ 걸/-ㄴ 걸 • 64
-ㄴ 데/-ㄴ 데 • 65

-ㄴ지/-ㄴ 지 • 66
나가다/나아가다 • 67
나르다/날다 • 68
나래/날개 • 69
나머지/우수리 • 70
나비/너비/넓이 • 71
나쁘다/해롭다 • 72
나았다/낳았다 • 73
나절가웃/반나절 • 74
낟알/낱알 • 74
낟/낫/낮/낯/낱 • 75
낫다/낮다/낳다 • 76
내/시내 • 77
냅다/들입다 • 78
너더분하다/너저분하다 • 79
너른/넓은 • 80
너머/넘어 • 81
너무/매우/몹시/무척/아주 • 82
너의/너희 • 83
넘겨다보다/넘보다 • 84
-네/-들 • 85
노름/놀음 • 86
놀라다/놀래다 • 87
누다/싸다 • 88
느리다/늦다 • 89
늘리다/늘이다 • 90

##

다르다/틀리다 • 91
다만/단지/오직 • 92
다치다/닫치다/닫히다 • 93
다투다/싸우다 • 94

다리다/달이다 • 95
담/벽 • 96
담그다/담다 • 97
담장이/담쟁이 • 97
당기다/댕기다/땅기다 • 98
당하다/입다 • 99
닻/돛 • 100
대다/데다 • 101
대변/똥 • 102
더께/더껑이 • 103
−던지/−든지 • 104
덥다/덮다 • 105
덩어리/덩이 • 106
덮이다/덮치다 • 107
도랑/두렁 • 108
돋구다/돋우다 • 109
동그라지다/
동그래지다 • 109
되/돼 • 110
되돌아보다/
뒤돌아보다 • 111
두껍다/두텁다 • 112
두덩/둔덕 • 112
두드리다/두들기다 • 113
두째/둘째 • 114
뒤집다/엎다 • 115
뒤채다/뒤치다 • 116
뒤처지다/뒤쳐지다 • 116
드러내다/들어내다 • 117
드리다/들이다 • 118
드새다/드세다 • 119
들리다/들르다 • 120
들추다/들치다 • 121

등살/등쌀 • 122
때깔/빛깔 • 123
떠들썩하다/시끌벅적하다 •
야단법석 • 124
때문/탓/덕분 • 125
떠받다/떠받들다 • 126
떨다/털다 • 127
떼다/띠다/띄우다 • 128
뜨개질/뜯게질 • 129
뜨이다/트이다 • 130
띄다/띠다 • 131

ㄹ

−ㄹ걸/−ㄹ 걸 • 132
−러/−려 • 133
−로서/−로써 • 133

ㅁ

마는/만은 • 134
마라/말라 • 135
마치/마침 • 136
마치/망치/장도리 • 137
만들다/짓다 • 138
만날/맨날 • 138
망가지다/부서지다 • 139
맞는/알맞은 • 140
맞다/옳다 • 141
맞추다/맞히다 • 142
매기다/먹이다/메기다 • 143
매다/묶다 • 144
매다/메다 • 145
매무새/매무시 • 146
맨/민 • 147

맵싸하다/맵자하다/
맵짜다 • 148
머지않아/멀지 않아 • 49
먹먹하다/멍멍하다 • 149
먼저/빨리/일찍 • 150
멋다/자다 • 151
메/뫼 • 152
메다/지다 • 153
맵쌀/멥쌀 • 153
며칠/몇일 • 154
몇/얼마 • 154
모둠/모듬 • 155
모롱이/모퉁이 • 156
모시다/섬기다 • 157
모지다/모질다 • 158
목거리/목걸이 • 159
목돈/몫 돈 • 159
몽우리/봉오리/봉우리 • 160
몹쓸/못 쓸 • 161
못미처/못 미쳐 • 162
몽둥이/방망이 • 163
무슨/어떤 • 164
무용/춤 • 165
무치다/묻히다 • 166
묵다/묶다 • 167
미덥다/미쁘다 • 168
밉다/싫다 • 169

ㅂ

바뀌다/변하다 • 170
바라다/바래다 • 171
바루다/바르다 • 172
−박이/−배기 • 173

박이다/박히다 · 174
밖에/뿐 · 175
반드시/반듯이 · 176
받치다/받히다/밭치다 · 177
발자국/발짝 · 178
밥/진지/입시/수라 · 179
밭떼기/밭뙈기 · 180
배다/베다/비다 · 181
배짱/배포 · 182
버리다/벌이다/벌리다 · 183
번번이/번번히/빈번히 · 184
벗겨지다/벗어지다 · 185
볕/빛 · 186
보수/삯/임금 · 187
부끄럽다/수줍다 · 188
부닥치다/부딪다/
부딪치다/부딪히다 · 189
부르다/이르다/일컫다 · 190
부수다/부시다 · 191
부치다/붙이다 · 192
부풀다/부프다 · 193
붇다/불리다 · 194
불거지다/붉어지다 · 195
붓다/붙다 · 195
붙들다/잡다/쥐다 · 196
비끼다/비키다 · 197
비스듬하다/
비스름하다 · 197
비추다/비치다 · 198
빌다/빌리다 · 199
빗/빚/빛 · 200
빠개다/짜개다 · 201
빠르다/재다 · 201

빨리/냉큼/어서/얼른/
퍼뜩 · 202
빻다/쓿다/찧다 · 203
뻐개다/뻐기다 · 204

사다/팔다 · 205
사뭇/자못 · 206
삭이다/삭히다 · 207
삭정이/썩정이 · 208
살지다/살찌다 · 209
살해하다/암살하다/
죽이다 · 210
새다/세다 · 211
새우다/세우다 · 212
생기다/일어나다 · 213
서투르다/설다 · 214
섞다/타다 · 215
선뜩/선뜻 · 216
성깔/성미 · 216
세다/헤아리다 · 217
쇠다/쉬다 · 218
숯/숱 · 219
스러지다/쓰러지다 · 220
스무/스물 · 220
스치다/시치다 · 221
슬다/쓸다 · 222
승강이/실랑이 · 223
시골/지방/촌 · 224
시다/시리다 · 225
싣다/태우다 · 226
싱겅싱겅하다/
싱둥싱둥하다 · 227

싸다/쌓다 · 227

아가/아기 · 228
아귀/아퀴 · 229
아깝다/아쉽다 · 230
아끼다/위하다 · 231
아득하다/아뜩하다 · 232
아람/아름 · 232
아리다/저리다 · 233
아무러면/아무려면 · 234
아무튼/어쨌든 · 235
아직/여태 · 236
안치다/앉히다 · 237
앉다/않다 · 238
앞날/뒷날/전날 · 239
앞일/뒷일 · 240
애꿎은/짓궂은 · 241
애끊다/애끓다 · 242
얇다/엷다 · 243
어기다/위반하다 · 244
어느/여느 · 245
어둡다/캄캄하다 · 246
어르다/으르다 · 247
어름/얼음 · 248
업다/엎다 · 249
업다/지다 · 250
엉기다/엉키다 · 251
에다/에이다/에우다 · 252
여위다/여의다 · 253
예/옛 · 254
오금/장딴지/정강이/
종아리 · 255

오돌오돌/오들오들 • 256
오랜만/오랫동안 • 257
오로지/오죽/오직 • 257
옮기다/이동하다 • 258
옷/옻 • 259
옷거리/옷걸이 • 260
왠지/웬지/웬 • 260
용트림/용틀임 • 261
우거지다/우그러지다 • 262
우기다/욱이다 • 263
우멍하다/의뭉하다 • 264
우물/샘 • 265
위/웃/윗 • 266
으레/의례/의례히 • 267
이따가/있다가 • 268
이루다/이룩하다 • 269
이제/인제 • 270
이튿날/다음날/다음 날 • 271
이파리/잎/잎사귀 • 272
일/근로/노동 • 273
일부러/일부로 • 274
잃다/잇다/있다/잊다 • 275
입/부리/아가리/주둥이 • 276
잇달다/잇따르다 • 277

자갈/재갈 • 278
자꾸/자주 • 279
자라다/커지다 • 280
작다/잘다/적다 • 281
잠그다/채우다 • 282

장사/장수 • 283
-장이/-쟁이 • 284
저러다/저렇다 • 285
저리다/절이다 • 286
저지난달/지지난달 • 287
적시다/축이다 • 288
절다/배다 • 289
젓/젖 • 290
젓다/젖다 • 291
제비초리/제비추리 • 292
조그만/조금만 • 293
조르다/조리다/조이다/졸이다 • 294
조름/졸음 • 295
좇다/쫓다 • 296
주검/죽음 • 296
주전부리/군것질 • 297
주리다/줄이다 • 298
지그시/지긋이 • 299
지어/지워 • 300
지피다/집히다/짚이다 • 301
질리다/찔리다 • 302
진짜/참 • 303
집다/짚다 • 304
짓다/짖다/짙다 • 305
짝짜꿍/짝짜꿍이 • 306
찢다/찧다 • 307

처-/쳐 • 308
추기다/추키다/축이다/치키다 • 309
치다/치이다 • 310

터지다/틀어지다 • 311
턱거리/턱걸이 • 312
퉁기다/튀기다 • 313
틀어쥐다/틀어지다 • 314

푸드덕/푸드득 • 315
피다/펴다 • 316

하릴없이/할 일 없이 • 317
하므로/함으로 • 318
하얗다/희다 • 319
한데/한테 • 320
한참/한창 • 321
한쪽/한편 • 322
해어지다/헤어지다 • 323
해치다/헤치다 • 324
햇볕/햇빛 • 325
허룩하다/허름하다/허술하다 • 326
헌칠하다/훤칠하다 • 327
홀/홑 • 328
회초리/휘추리 • 329
흐트러지다/흩어지다 • 330

가냘프다/가녀리다 형용사

가냘프다는 '사람의 몸이나 팔다리 따위가 몹시 가늘고 연약하다', '소리가 가늘고 약하다'는 뜻이에요.

가녀리다는 '물건이나 사람의 신체 부위 따위가 몹시 가늘고 연약하다', '소리가 몹시 가늘고 힘이 없다'는 뜻으로 사람과 물건에 두루 쓰이는 표현이에요.

예 **가냘프게** 들리는 풀벌레 소리에 가을밤이 깊어 간다.
　　가녀린 꽃송이가 바람에 하늘하늘 흔들렸다.

가늘다/얇다 (형용사)

가늘다는 '긴 물체의 굵기나 너비가 보통에 미치지 못하고 얇거나 좁다'는 뜻이에요. 반대말은 '굵다'이지요.
얇다는 '두께가 두껍지 아니하다'는 뜻으로 반대말은 '두껍다'이지요.
사람의 팔다리나 나무기둥처럼 기다랗게 생긴 것은 '가늘다' 또는 '굵다'라고 해야 해요. 또 책이나 얼음판처럼 판판하게 생긴 것은 '얇다' 또는 '두껍다'라고 해야 해요. 그러니까 '내 동생은 다리가 두껍다'나 '나무판이 굵다'는 말은 틀린 말이에요.

예) 선물로 받은 연필은 심이 **가늘어서** 잘 부러진다.
탁자 위에는 **얇은** 유리보다 두꺼운 유리를 깔아야 안전하다.
굵은 가래떡은 꿀에 찍어 먹어야 맛있지.

가늠하다 / 가름하다 / 갈음하다 동사

가늠하다는 '목표나 기준에 맞고 안 맞음을 헤아려 보다'는 뜻으로 쓰여요. 또는 '사물을 어림잡아 헤아리다'는 뜻으로도 쓰여요.

가름하다는 '쪼개거나 나누어 따로따로 되게 하다'는 뜻으로, 무엇을 갈라놓거나 구별할 때 쓰는 말이에요.

갈음하다는 '다른 것으로 바꾸어 대신하다'는 뜻으로 쓰여요.

예) 옛날 사람들은 밤하늘의 별자리를 보고 방향을 **가늠했다**.
사람을 외모에 따라 **가름하여** 차별하면 안 된다.
제 소개는 이상의 내용으로 **갈음하겠습니다**.

가라앉다/잠기다 동사

가라앉다는 '물 따위에 떠 있거나 섞여 있는 것이 밑바닥으로 내려앉다'는 뜻이 있어요. 물건이나 물체가 액체의 밑바닥으로 이동하는 것을 뜻하지요. 이동할 수 없는 대상에는 이 말을 쓰지 않아요. 그리고 '안개나 연기 따위가 낮게 드리우다', '바람이나 물결이 잠잠해지다'의 뜻으로도 쓰여요.

잠기다는 '물건이나 물체가 액체 속에 들어가 겉에서 보이지 않는다'는 뜻이에요.

예 배가 풍랑에 휩쓸려 바닷속으로 **가라앉았다.**
    갑작스런 폭우로 집이 모두 물속으로 **가라앉았다.** (×)
    큰 홍수로 논이 물에 **잠겼다.**

가락지/반지 명사

가락지는 '주로 여자가 장식으로 손가락에 끼는 두 짝의 고리'를 뜻해요.
반지는 '장식으로 손가락에 끼는 고리'로, 보석을 박거나 무늬를 새겨 꾸미기도 해요.
가락지와 반지는 안쪽은 판판하고 겉은 통통하게 만들어요. 재료는 금, 은, 구리, 진주 등 아주 다양해요.

예 신랑은 신부의 손에 금으로 만든 **가락지**를 끼워 주었다.
생일날 진주가 박힌 **반지**를 선물로 받았다.

다르게 써요!

가락지는 전통적으로는 혼인한 여자만 끼는 것으로 반드시 두 개가 쌍을 이루어야 합니다. 하지만 **반지**는 혼인 여부나 성별에 관계없이 장신구로 자유롭게 낄 수 있다는 점이 가락지와 달라요.

가려내다/갈라내다 동사

가려내다는 '여럿 가운데서 일정한 것을 골라내다', '진리나 가치 따위를 밝혀 내다' 등의 뜻이 있어요. 비슷하면서도 다른 뜻의 말로 '갈라내다'가 있어요.
갈라내다는 '합쳐져 있는 것을 각각 따로 떼어 내다'는 뜻입니다.

예 여러 제품 중에서 불량품을 **가려내는** 일은 힘들다.
　이번 경기는 진정한 승자를 **가려내는** 명승부가 될 것이다.
　바둑을 두기 위해, 섞여 있는 흰 알과 검은 알을 **갈라내었다.**

가렵다/간지럽다 형용사

가렵다는 '피부에 긁고 싶은 느낌이 있다' 또는 '못 견딜 정도로 어떤 말을 하거나 어떤 일을 하고 싶은 느낌이 있다'를 뜻해요.
간지럽다는 '무엇이 살에 닿아 가볍게 스칠 때처럼 견디기 어렵게 찌르르한 느낌이 있다', '어떤 일을 하고 싶어 참고 견디기 어렵다', '몹시 어색하거나 거북하여 마음에 어색한 느낌이 있다'는 뜻이에요.
가려운 것은 '긁고 싶은 느낌이 드는 것'이고, 간지러운 것은 '찌르르한 느낌이 드는 것'이에요.

예 날씨가 건조하면 온몸이 **가려워** 고생이다.
　　비밀을 말하고 싶어서 입이 **가려웠다.**
　　바람이 머릿결에 스쳐 **간지러웠다.**
　　밖에 나가 놀고 싶어 몸이 **간지럽다.**
　　내가 한 말이 부끄러워 낯이 **간지러웠다.**

가루다/가리다 동사 ㄱ

가루다는 '맞서서 견주다'는 뜻으로 '서로 버티어 승부를 다투다'는 뜻을 지닌 '겨루다'와 비슷합니다. 그리고 '자리 따위를 함께 나란히 하다'는 뜻도 있어요.
가리다는 '보이거나 통하지 않게 막거나 또는 막히다', '골라내다', '어린아이가 낯선 사람을 대하기 싫어하다', '똥오줌을 스스로 알아서 누다', '빚이나 외상값을 갚다', '헝클어진 머리털을 대강 빗다' 등 다양한 뜻이 있어요.

예 나와 실력을 **가룰** 만한 사람이 이 도시에는 없다.
햇볕이 뜨거워 모자로 얼굴을 **가렸다.**
나는 세 살 때까지 오줌을 **가리지** 못했다고 한다.

가르다/나누다/노느다/쪼개다 동사

가르다는 '따로따로 나누다', '날선 연장으로 베거나 쪼개다', '양쪽으로 헤쳐서 열다' 등의 뜻이 있어요.
나누다는 '하나를 둘 이상으로 가르다'는 뜻이에요.
노느다는 '여러 몫으로 갈라 나누다'는 뜻이에요.
쪼개다는 '단단하고 결이 있는 물체에 힘을 가하여 둘 이상으로 나누다'는 뜻이에요.

예) 빗으로 머리카락을 양쪽으로 **갈랐다.**
생선을 먹기 좋도록 세 토막으로 **나누어** 조리했다.
어머니는 제사를 마치면 음식을 친척들에게 골고루 **노나** 주었다.
도끼로 나무를 **쪼개** 장작을 준비해 두었다.

다르게 써요!

가르다는 갈린 부분이 본래의 것에서 따로 떨어지지 않아야 해요. **나누다**는 나뉜 부분의 비중이 일정하며 본래의 것에서 따로 떨어져 있어야 하지요. 그리고 **노느다**는 나누어진 부분이 특정인의 몫이 되는 것을 전제로 하며, **쪼개다**는 단단하고 결이 있는 것을 대상으로 하기 때문에 쪼개지는 것이 순간적으로 일어나게 된답니다.

가르마/가리마 명사

가르마는 '이마로부터 정수리까지의 머리카락을 양쪽으로 갈랐을 때 생기는 금'을 말해요.

가리마는 예전에 쓰던 말로 '조선 전기부터 쓰고 다녔던 부인의 머리쓰개'를 가리켜요. 가리마는 비단 천의 가운데를 접어 두 겹으로 만들고 그 속에 종이나 솜을 넣어서 앞머리의 가르마에 맞추어 머리에 쓰고 어깨나 등에 드리우던 것이에요.

예 **가르마**를 타서 머리를 두 갈래로 땋았다.

다르게 써요!

'가르마'를 '가리마'로 잘못 쓰는 경우가 종종 있어요. 오늘날에는 머리쓰개인 **가리마**를 거의 사용하지 않으므로 가르마만 잘 기억하세요.

가르치다/가리키다 동사

가르치다는 '지식이나 기능, 이치 따위를 깨닫거나 익히게 하다', 혹은 '그릇된 버릇 따위를 고치어 바로잡다'는 뜻이 있어요.
가리키다는 '손가락 따위로 어떤 방향이나 대상을 집어서 보이거나 말하거나 알리다'는 뜻이지요.
주의할 것은 '가르키다'예요. 이 낱말은 국어사전에 없는 잘못된 표현이므로 쓰지 않도록 하세요.

예 내 꿈은 아이들을 **가르치는** 선생님이 되는 것이다.
그가 **가리킨** 곳을 보니 보름달이 떠 있었다.
내가 너를 얼마나 힘들게 **가르켰는지** 아니? (×)

가무러지다/가무러치다 (동사)

가무러지다는 '정신이 가물가물해지다', '촛불이나 등잔불 따위가 약해져서 꺼질 듯 말 듯 하게 되다' 등의 뜻이 있어요.
가무러치다는 '얼마 동안 정신을 잃고 죽은 사람처럼 되다'는 뜻이 있지요.
'가무러지다'의 센말은 '까무러지다'이고, '가무러치다'의 센말은 '까무러치다'이므로 강하게 표현하고 싶을 때는 센말을 쓰면 돼요.

예 나이가 들어서 그런지 요새는 기억이 **가무러지는** 느낌이다.
어머니는 아들의 사고 소식을 듣고 **가무러친** 채 일어나지 못했다.

궁금해요! 말의 느낌

우리말에는 원래 낱말에서 자음이나 모음이 조금 바뀌어 말의 느낌이 달라질 때가 있어요. 예를 들면 '고불고불'은 무언가가 이리저리 고부라진 모양을 나타내요. 이 말을 바꾸어 '구불구불'이나 '꼬불꼬불'이라고 하면 더 센 느낌을 줍니다. 원래 말과 의미는 같지만 그 느낌이 작거나 크고, 여리거나 센 느낌을 준답니다.

가뭇없다/가뭇하다 형용사

가뭇없다는 '보이던 것이 전혀 보이지 않아 찾을 곳이 감감하다', '눈에 띄지 않게 감쪽같다'는 뜻이에요.
가뭇하다는 '빛깔이 조금 감은 듯하다'는 뜻으로 '가무스름하다'와 같은 뜻이에요. '감다'는 '석탄의 빛깔과 같이 다소 밝고 짙다'는 뜻이에요.

예) 하늘 높이 올라간 풍선이 **가뭇없이** 사라져 버렸다.
햇볕에 그을려 얼굴이 **가뭇해졌다.**

가엽다/가엾다 형용사

가엽다와 **가엾다** 중에서 '마음이 아플 만큼 딱하고 불쌍하다'는 뜻이 있는 말은 어느 것일까요? '가엽다'와 '가엾다'는 복수 표준어로 인정해서 둘 다 맞는 말입니다. 그러나 활용을 할 때는 다르므로 유의해야 해요. '가엽다'는 '가여우니, 가여워서, 가엽습니다' 등으로 활용되고, '가엾다'는 '가엾으니, 가엾어서, 가엾습니다'로 활용됩니다.

예) 나는 누나가 **가여워서**(가엾어서) 눈물이 났다.
자신을 믿어 주는 친구가 없는 사람은 **가엾은**(가여운) 사람이다.

궁금해요! 문법 용어

활용(活用)이란 동사나 형용사와 같은 낱말이 형태를 바꾸는 일을 말해요. 예를 들어 '착하다'는 '착하고, 착하니, 착하면, 착하구나' 등으로 모양이 조금씩 달라지지요? 이것을 '활용'이라고 해요. 활용을 하는 품사는 동사와 형용사뿐이어서 그 둘을 '용언'이라고 해요. 동사와 형용사는 활용을 통해 다양한 문법적인 기능을 만들어 내요.

가죽/거죽 명사

가죽은 '동물의 몸을 감싸고 있는 질긴 껍질' 또는 '동물의 몸에서 벗겨 낸 껍질을 가공해서 만든 물건'이라는 뜻이 있어요. 사람의 피부를 낮잡아 이르기도 합니다.

거죽은 '물체의 겉 부분'을 의미해요. 북한에서는 '옷이나 이불 따위의 겉을 이루는 천'을 가리키기도 해요.

예 (속담) 호랑이는 죽어서 **가죽**을 남기고 사람은 죽어서 이름을 남긴다.
　　➡ 호랑이가 죽은 다음에 귀한 가죽을 남기듯이 사람은 죽은 다음에 생전에 쌓은 공적으로 명예를 남기게 된다는 뜻.
　앨범의 **거죽**은 낡았으나 사진들은 멀쩡했다.

가진/갖은 동사/관형사 ㄱ

가진은 동사 '가지다'의 활용형으로, '가지고 있는'의 뜻이에요.
갖은은 '골고루 갖춘', 또는 '여러 가지의'라는 뜻이 있어요. '갖은'은 옛말 '다(갖추어져 있다)'에서 왔어요. 그러므로 '가진'과 '갖은'은 다른 뜻이므로 상황에 어울리는 낱말을 가려서 써야 해요.

예 (속담) 아이 **가진** 떡
→ 상대편이 힘이 없어서 가지고 있는 것을 쉽게 빼앗을 수 있는 경우를 비유적으로 이르는 말.
우리 집 김치는 **갖은** 양념을 넣어서 맛있다.

간간이/간간히 부사

간간이는 '시간적인 사이를 두고서 가끔씩', '공간적인 거리를 두고 듬성듬성' 등의 뜻으로 한자어인 '사이 간(間)'이 들어간 말이에요. 그래서 '간간이'는 우리말인 '이따금'으로 순화해서 쓰면 좋아요.

간간히는 순우리말로 '간질간질하고 재미있는 마음으로', '아슬아슬하고 위태롭게'의 뜻이 있어요. 또 '입맛 당기게 약간 짠 듯이'의 뜻으로도 쓰입니다.

예 **간간이** 바람이 불어와 더위를 식혀 주었다.
고양이가 담벼락 위에 **간간히** 서 있었다.
외나무다리 위를 **간간히** 걷는 아이의 뒷모습에 마음을 졸였다.

갈가리/갈갈이 부사/명사 ㄱ

갈가리는 '여러 가닥으로 갈라지거나 찢어진 모양'을 뜻하는 '가리가리'의 준말이에요.

갈갈이는 '다음 해의 농사에 대비하여, 가을에 논밭을 미리 갈아 두다'는 뜻이 있는 '가을갈이'의 준말이에요. '가을갈이'를 한자어로는 '추경(秋耕)'이라고 쓴다는 것도 알아 두세요.

예 그 아이는 화가 나서 종이를 **갈가리** 찢어 버렸다.
　　바쁘더라도 **갈갈이**를 해 두면 내년 농사는 좋은 결실을 거둘 것이다.

갈기다/갈리다 동사

갈기다는 '힘차게 때리거나 치다', '날카로운 연장으로 곁가지나 줄기 따위를 단번에 베어 떨어뜨리다', '글씨를 아무렇게나 급하게 마구 쓰다' 등의 의미가 있어요.

갈리다는 '거칠고 쉰 소리가 나다' 또는 '쪼개거나 나누어 따로따로 되게 하다', '승부나 등수를 서로 겨루어 정하다' 등의 뜻으로 쓰여요.

예 글씨를 **갈겨** 쓰면 다른 사람이 알아보기 어렵다.
　　소리를 너무 크게 지르면 목청이 **갈리어** 귀에 거슬린다.
　　찬성과 반대 의견으로 **갈리어** 토론이 한창 진행되고 있다

갑절/곱절 명사

'갑절'과 '곱절'은 같은 의미로 쓰이기도 하지만, 서로 다른 뜻도 지니고 있어요. 두 낱말은 '어떤 수나 양을 두 번 합한 만큼'을 의미한다는 점에서 같지만 '곱절'에는 다른 뜻이 있어요.

갑절은 '두 배'라는 의미로만 쓰이지만, 곱절은 '세 곱절', '여러 곱절'처럼 일정한 수나 양이 그 수만큼 거듭됨을 이르는 말로도 사용돼요. 따라서 '두 배'의 뜻으로는 '갑절'과 '곱절'을 모두 쓸 수 있지만, '몇 배'의 뜻으로는 '곱절'만 써야 합니다.

예 올 가을 쌀 수확량은 지난해보다 **갑절**(**곱절**)이나 늘었다.
올 가을 쌀 수확량은 지난해보다 **세 곱절**이나 늘었다. (○)
올 가을 쌀 수확량은 지난해보다 **세 갑절**이나 늘었다. (×)

값/삯 명사

값이나 삯은 금전(돈)과 관련된 뜻이 있으나 의미가 조금 다르므로 구분하여 써야 해요.

값은 '사고파는 물건에 일정하게 매겨진 액수', '물건을 사고팔 때 주고받는 돈', '어떤 사물의 중요성이나 의의', '노력이나 희생에 따른 대가', '어떤 것에 합당한 노릇이나 구실' 등의 뜻이 있어요.

삯은 '일한 데 대한 품값으로 주는 돈이나 물건', '어떤 물건이나 시설을 이용하고 주는 돈'의 뜻이 있지요. 그래서 '삯'에는 교통수단이나 품(어떤 일에 드는 힘이나 수고)이 붙는 경우가 많아요.

예 (속담) **값**도 모르고 싸다 한다.
➡ 일의 속사정은 잘 알지도 못하면서 경솔하게 이러니저러니 말함을 이르는 말.
깎을 게 따로 있지 몇 푼 안 되는 품**삯**을 깎다니…….

뱃삯이 많이 올랐네요.

이번에 값 비싼 배로 바꿨다더라고.

히히.

강낭콩/강남콩 명사

밥을 지을 때 넣어 먹는 붉은 빛깔의 고소한 콩의 이름은 무엇일까요? 바로 **강낭콩**이에요. 콩과의 한해살이풀로 줄기가 덩굴을 이루고, 여름에 흰색 또는 자주색 꽃이 피며, 열매는 꼬투리로 맺히는데 그 안의 종자는 먹을 수 있다고 해요. 강낭콩을 '강남콩'으로 잘못 쓰는 경우가 있는데, 유의해야 합니다.

예 아버지는 **강낭콩**을 넣어서 지은 밥을 좋아한다.

궁금해요! 어원

강낭콩의 어원은 '강남두(江南豆)'예요. 중국의 강남(양쯔 강 남쪽) 지방에서 나는 콩이라는 뜻이지요. 그럼 왜 강낭콩이 되었을까요? 그건 어원에서 멀어진 형태로 굳어져 널리 쓰이는 것을 표준으로 삼았기 때문이에요. 그래서 강남콩보다 발음하기 쉬운 강낭콩이 표준어가 되었지요.

같잖다/같지 않다

같잖다는 '하는 짓이나 꼴이 제격에 맞지 않고 눈꼴사납다', '말하거나 생각할 거리도 못 되다'라는 뜻의 형용사예요.

같지 않다는 '같다'와 '않다'가 합쳐진 말이에요. 그러므로 '무엇과 비교하여 서로 다르다'란 뜻으로 쓰이는 말이에요.

예 (속담) **같잖은** 게 갓 쓰고 장 보러 간다.
 ○ 사람이 격에 어울리지 아니하게 차리고 남부끄럽게 행동함을 놀림조로 이르는 말.
 형과 나는 일란성 쌍둥이인데도 성격이나 취미 등이 **같지 않다.**

거름/걸음 명사

거름은 '땅이나 식물에 주는 영양 물질'로 똥, 오줌, 썩은 동식물, 광물질 따위가 거름이 돼요.

걸음은 '두 발을 번갈아 옮겨 놓는 동작', '일정한 방향으로 나아가는 움직임', '나아가는 기회', '내왕하는 일', '행동이나 활동 또는 결정을 비유적으로 이르는 말', '(수량을 나타내는 말 뒤에 쓰여) 두 발을 번갈아 옮겨 놓는 횟수를 세는 단위' 등 다양한 뜻이 있어요. '걸음'을 소리 나는 대로 적으면 '거름'이 되지만 의미는 전혀 다르므로 유의해서 써야 해요.

예 농사를 지을 때는 **거름**을 주어야 농작물이 잘 자란다.
형은 나보다 **걸음**이 빨라서 함께 걷기가 힘들다.

거스르다/거슬리다 동사

거스르다는 '일이 돌아가는 상황이나 흐름과 반대되거나 어긋나는 태도를 취하다', '남의 말이나 가르침, 명령 따위와 어긋나는 태도를 취하다', '('비위', '신경' 따위의 명사와 함께 쓰여) 남의 마음을 언짢게 하거나 기분을 상하게 하다' 등의 다양한 뜻이 있어요.

거슬리다는 '순순히 받아들여지지 않고 언짢은 느낌이 들며 기분이 상하다'는 뜻이에요.

두 낱말은 비슷해 보이지만 상대의 거스르는 행위가 나에게 거슬리므로 '내가 기분을 상하게 하느냐, 다른 대상이 나의 기분을 상하게 하느냐'의 차이가 있으므로 잘 가려 써야 해요.

예 신하는 임금의 뜻을 **거스르면** 안 된다.
충고하는 말은 귀에 **거슬리지만** 새겨 들어야 한다.

거저/그저 부사

거저는 '공짜로, 아무런 노력이나 대가 없이', '아무것도 가지지 않고 빈손으로' 등의 뜻이 있어요.

그저는 '변함없이 이제까지', '다른 일은 하지 않고 그냥', '('그렇다', '그러하다' 따위와 함께 쓰여) 별로 신기할 것 없이', '어쨌든지 무조건', '특별한 목적이나 이유 없이', '아닌 게 아니라 과연(남을 책망하거나 비난하는 뜻으로 씀)' 등의 의미가 있는 말이에요.

두 낱말은 모음 하나 차이지만 의미는 전혀 다른 낱말이므로 상황에 맞게 가려 써야 해요.

예 친구가 나에게 **거저** 준 책이 의외로 재미있었다.
　　그저 한번 해 본 말이니 깊게 생각하지 마라.

거치다/걷히다 동사

거치다는 '오가는 도중에 어디를 지나거나 들르다', '어떤 과정이나 단계를 겪거나 밟다', '('손을'과 함께 쓰여) 검사하거나 살펴보다' 등의 뜻이 있어요.
걷히다는 '흩어져서 사라지다', '돈이나 물건이 모아지다', '가려졌던 부분이 열리거나 벗겨지다.' 등의 뜻으로 쓰여요.

예 초·중·고등학교를 **거쳐서** 대학교에 진학한다.
구름이 **걷히더니** 금세 하늘이 맑아졌다.
올해는 불우이웃돕기 성금이 꽤 많이 **걷혔다**.
커튼이 **걷히자** 햇빛이 눈부시게 들어왔다.

건넌방/건넛방 명사

'건넌방'과 '건넛방'은 같은 의미일까요? 두 낱말은 뜻이 달라요. 게다가 발음도 주의해야 해요.

건넌방은 '대청(큰 마루) 건너 안방 맞은편에 있는 방'을 이르는 말이에요. 옛날 우리나라(주로 중부 지역) 주택의 경우에서, 일반적으로 안방과 맞은편의 방문이 마주 보고 있었고, 건넌방의 기준은 언제나 안방이었어요

건넛방은 '건너편에 있는 방'을 가리켜요. 어떤 장소든 건넛방의 기준이 될 수 있으며, 집에서 아무 방이나 건넛방이 될 수 있지요. '부엌 건넛방, 사랑방 건넛방, 곳간 건넛방'과 같이 그 앞에 대체로 기준이 되는 말이 놓여요. '건넛방' 뿐 아니라 '건넛마을, 건넛집, 건넛산' 등의 낱말도 널리 쓰이고 있습니다.

예 **건넌방**은 올 가을에 결혼하는 큰 아들 내외가 썼으면 한다.
부엌 **건넛방**은 오랫동안 비워 두어서 퀴퀴한 냄새가 난다.

걷잡다/겉잡다 　동사

걷잡다는 '한 방향으로 치우쳐 흘러가는 형세 따위를 붙들어 잡다', '마음을 진정하거나 억제하다'는 뜻이에요.
겉잡다는 '겉으로 보고 대강 셈하거나 짐작하다'는 뜻이에요.

예 확인되지 않은 소문이 **걷잡을** 수 없이 번졌다.
　　예산을 대충 **겉잡아서** 시행하면 착오가 생긴다.

게걸스럽다/게검스럽다 　형용사

게걸스럽다는 '몹시 먹고 싶거나 하고 싶은 욕심에 사로잡힌 듯하다'의 뜻이에요.
게검스럽다는 '음식을 욕심껏 먹어 대는 꼴이 보기에 매우 흉하다'는 뜻으로 쓰여요.
두 말 모두 음식을 욕심껏 먹어 보기에 안 좋은 뜻으로 쓰이지만 '게검스럽다'가 조금 더 부정적인 느낌이 강한 말이에요.

예 친구가 **게걸스럽게** 밥을 먹는 모습을 보니 입맛이 떨어졌다.
　　옆자리 사람은 생긴 것도 우락부락하고 먹는 모습도 아주 **게검스럽다.**

겨누다/겨루다 동사

겨누다는 '활이나 총 따위를 쏠 때 목표물을 향해 방향과 거리를 잡다', '한 물체의 길이나 넓이 따위를 어림할 수 있는 다른 물체와 비교하여 헤아리다'의 뜻이 있어요.

겨루다는 '서로 버티어 승부를 다투다'는 뜻이지요.

그래서 '어깨를 겨누다'와 '어깨를 겨루다'는 둘 다 쓸 수 있는 표현이에요. 목표물을 겨냥하여 무언가를 쏠 때는 '겨누다'로, 다른 대상과 우열을 가릴 때는 '겨루다'로 써야 해요.

예 날카로운 칼끝이 상대를 **겨누고** 있었다.
옷을 대강 **겨누어** 보고만 샀더니 너무 헐렁하다.
이번 대회는 같은 팀끼리 먼저 **겨루어야** 한다.
(관용구) 어깨를 **겨루다.**
　◎ 서로 비슷한 지위나 힘을 가지다.

과녁을 겨누다.

기량을 겨뤄 보자.

결단/결딴 명사

결단은 '결정적인 판단을 하거나 단정을 내림, 또는 그런 판단이나 단정'을 뜻해요.

결딴은 '어떤 일이나 물건 따위가 아주 망가져서 도무지 손을 쓸 수 없게 된 상태', '살림이 망하여 거덜 난 상태'를 뜻하는 말이에요. 결딴은 부정적인 의미가 있으므로 결단과 구분해서 써야 해요.

예) 한번 **결단**을 내린 일은 바꾸지 않는 성격이다.
무리하게 사업을 확장하다가 결국 **결딴**이 났다.

더 알아봐요!

흔히 '결딴'을 '절딴'으로 쓰기도 해요. 예를 들어 '장난감이 망가져서 절딴났다' 처럼 말이에요. 하지만 '절딴'은 충청도나 경상도 등지에서 쓰이는 방언이므로 '결딴'이 바른 표현이에요. '장난감이 망가져서 결딴났다'가 바른 표현이지요.

고단하다/고달프다 형용사

고단하다는 '몸이 지쳐서 기운이 없다', '일이 몹시 피곤할 정도로 힘들다', '처지가 좋지 못해 몹시 힘들다' 등의 뜻으로 쓰여요.
고달프다는 '몸이나 처지가 몹시 어렵다'의 뜻으로 쓰이는 말이에요.
두 낱말은 뜻이 비슷하지만 '고단하다'는 몸이 힘들 때 쓰는 경우가 많고, '고달프다'는 몸이나 정신, 처지 등 폭넓게 두루 쓰이는 말이에요.

예 어제 종일 쉬지 않고 일했더니 무척 **고단하다.**
살다 보면 누구나 **고달픈** 시절이 있기 마련이다.

고랑/이랑/두둑 명사

고랑은 '두두룩한 땅과 땅 사이에 길고 좁게 들어간 곳'으로 논이나 밭에서 움푹 들어간 부분을 말해요.

이랑은 '논이나 밭을 갈아 골을 타서 두두룩하게 흙을 쌓아 만든 곳'으로 논이나 밭에서 불룩 튀어나온 흙 부분을 말해요.

두둑은 '논이나 밭 가장자리에 경계를 이룰 수 있도록 두두룩하게 만든 것'으로 '두렁'과 비슷한 말이에요.

예 (속담) **고랑**도 이랑 될 날 있다.
- '쥐구멍에도 볕 들 날 있다'와 같은 의미로, 몹시 고생을 하는 삶에도 좋은 운수가 터질 날이 있다는 말.

텃밭 **두둑**에 고구마를 심었다.

할머니는 **이랑**을 따라 씨를 뿌렸다.

고리다/구리다 형용사 ㄱ

고리다는 '썩은 풀이나 썩은 달걀 따위에서 나는 냄새와 같다', '마음씨나 하는 짓이 아니꼬울 정도로 옹졸하고 인색하다'는 뜻이에요.
구리다는 '똥이나 방귀 냄새와 같다', '하는 짓이 더럽고 지저분하다', '행동이 떳떳하지 못하고 의심스럽다' 등의 뜻이 있지요.
'고린내'는 '썩은 풀이나 썩은 달걀 따위에서 나는 냄새와 같이 고약한 냄새'이고, '구린내'는 '똥이나 방귀 냄새와 같은 고약한 냄새'를 말해요.
둘 다 고약한 냄새를 일컬을 때 써요.

예 젖은 운동화를 신고 돌아다녔더니 양말에서 **고린내**가 났다.
　용의자는 **구린** 데가 있는지 눈치를 살피고 있었다.

고샷/고샅 명사

고샷은 '초가지붕을 이을 때 쓰는 새끼'를 뜻해요.
고샅은 '시골 마을의 좁은 골목길, 또는 골목 사이', '좁은 골짜기의 사이'를 의미해요.

예 이번 추수 때 난 볏짚은 **고샷**을 엮는 데 써야겠구나.
아스팔트가 깔린 도로보다 **고샅**이 정감 있다.

고주망태/모주망태 명사

고주망태는 '술에 몹시 취해 정신을 가누지 못하는 상태 또는 그런 사람'을 일컫는 말이에요. 즉 '지금 술에 취해 있는 상태이거나 그런 사람'을 뜻하지요. '고주'는 '술을 거르거나 짜는 틀'로 오늘날에는 '술주자'라고 해요.

모주망태는 '술을 늘 대중없이 많이 마시는 사람'을 놀림조로 이르는 말이에요. 이때 '모주'는 '약주를 뜨고 난 찌끼술'을 뜻하는데, 거뭇하고 걸쭉하며 아주 독하지요. 그리고 '망태'는 모주를 거르거나 퍼 담는 '망태기'의 준말이에요. 그래서 '모주망태'는 '모주에 찌든 망태기처럼 늘 술독에 빠져 헤어나지 못하는 사람'을 가리킵니다.

예 **고주망태**가 되도록 술을 마셨다.
  건넛마을 박 영감은 늘 술에 취해 있어 **모주망태**라는 소리를 듣는다.

골다/곯다 동사

골다는 '잠잘 때 거친 숨결이 콧구멍을 울려 드르렁거리는 소리를 내다'는 의미로, '코'를 목적어로 하는 말이에요.

곯다는 '속이 물크러져 상하다', '(비유적으로) 은근히 해를 입어 골병이 들다'는 의미가 있어요. 또 '(배를 목적어로 하여) 양(量)에 아주 모자라게 먹거나 굶다'는 뜻도 있지요.

예 코를 **고는** 소리가 얼마나 큰지 한숨도 못 잤다.
　　옛날에는 배를 **곯는** 사람이 많았다고 할머니께서 말씀하셨다.

곱다/아름답다/예쁘다 (형용사)

곱다는 '모양, 생김새, 행동거지 따위가 산뜻하고 아름답다', '색깔이 밝고 산뜻하여 보기 좋은 상태에 있다', '소리가 듣기에 맑고 부드럽다' 등의 의미가 있어요.

아름답다는 '보이는 대상이나 음향, 목소리 따위가 균형과 조화를 이루어 눈과 귀에 즐거움과 만족을 줄 만하다', '하는 일이나 마음씨 따위가 훌륭하고 갸륵한 데가 있다'는 뜻이에요.

예쁘다는 '생긴 모양이 아름다워 눈으로 보기에 좋다', '행동이나 동작이 보기에 사랑스럽거나 귀엽다', '아이가 말을 잘 듣거나 행동이 발라서 흐뭇하다'는 뜻이 있어요.

예) 새로 산 옷감의 색이 **고와서** 자꾸 만져 보았다.
우리의 **아름다운** 우정은 영원할 것이다.
아기의 웃는 모습은 무척 **예뻤다.**

다르게 써요!
색깔이나 촉감이 좋을 때는 곱다를, 균형과 조화가 잘 이루어져서 보기 좋을 때는 아름답다를, 생긴 모양이 귀엽고 깜찍하면 예쁘다를 써요.

굳다/궂다 동사

굳다는 '무른 물질이 단단하게 되다', '근육이나 뼈마디가 뻣뻣하게 되다', '표정이나 태도 따위가 부드럽지 못하고 딱딱하여지다' 등의 뜻이 있어요.
궂다는 '비나 눈이 내려 날씨가 나쁘다', '언짢고 나쁘다'의 뜻이 있어요.
발음은 같지만 표기와 의미가 전혀 다른 낱말이므로 주의해서 써야 해요.

예 떡을 하루 동안 밖에 두었더니 딱딱하게 **굳었다**.
　　마음이 어지러운데 날씨마저 **궂었다**.

궁둥이/방둥이/엉덩이 명사

궁둥이는 '볼기의 아랫부분 즉 앉으면 바닥에 닿는, 근육이 많은 부분', '옷에서 엉덩이의 아래가 닿는 부분'을 의미해요.
방둥이는 '기어 다니는 짐승인 길짐승의 엉덩이'를 가리키는 말로 사람의 엉덩이를 속되게 표현할 때 사용해요.
엉덩이는 '살이 도도록한 부분'을 말해요.

예 **궁둥이**를 붙이기 힘들 정도로 좁은 방이었다.
　　방둥이 마른 소가 일을 잘한다.
　　주사를 맞은 **엉덩이**가 욱신거렸다.
　　(관용구) **엉덩이**가 무겁다.
　　　○ 한번 자리를 잡고 앉으면 좀처럼 일어나지 않는다는 말.

귀퉁이/모퉁이 명사

귀퉁이는 '사물이나 마음의 한구석이나 부분', '물건의 모퉁이나 삐죽 나온 부분'을 뜻해요.
모퉁이는 '구부러지거나 꺾어져 돌아간 자리', '변두리나 구석진 곳', '일정한 범위의 어느 부분'을 말해요.
모퉁이는 길이나 장소와 연관이 있으며, 귀퉁이는 길에 대해서는 쓰이지 않으므로 유의해야 합니다.

예 그가 떠난 후 가슴 한 **귀퉁이**가 허전했다.
　내가 찾는 집은 골목 끝 **모퉁이**를 돌아서 세 번째에 있었다.

그러고 나서/그리고 나서

그러고 나서에서 '그러고'는 '그리하다'의 활용형이고, '나서'는 행동이 끝났음을 나타내는 '나다'의 활용형이에요.
그리고는 문장을 연결하는 이어주는 말이요. 그래서 '그리고'는 '나서'와 어울릴 수 없답니다.

예 나는 숙제를 했다. **그러고 나서** 밖에 나가 놀았다. (○)
　 나는 청소를 했다. **그리고 나서** 빨래를 했다. (×)
　 나는 청소를 했다. **그리고** 빨래를 했다. (○)

그러므로/그럼으로(써) 부사

그러므로는 앞 내용이 뒤 내용의 원인이나 근거가 될 때 쓰여 앞뒤 문장을 이어 주는 말이에요.
그럼으로(써)는 '그리하다'에서 온 '그럼'에 조사 '으로'가 결합된 말이에요. 즉 '그러므로'는 '그리하기 때문에', '그러하기 때문에'의 뜻이 있고, '그럼으로(써)'는 '그렇게 하는 것으로(써)'의 뜻이 있어요.

예 장날이다. **그러므로** 시장 주변에 사람들이 붐빈다.
　 그는 여행을 많이 한다. **그럼으로(써)** 인생의 의미를 깨닫는다.

그슬다/그을다 동사

그슬다는 '불에 겉만 약간 타게 하다'는 뜻이에요. 예를 들어 꾸벅꾸벅 졸다가 머리카락이 불길에 닿아 탔을 때 그슬렸다고 하지요.
그을다는 '햇볕이나 불, 연기 따위를 오래 쬐어 검게 되다'는 뜻이에요.

예 새우를 장작불에 **그슬어서** 먹었다.
　밖에 오래 있었더니 피부가 **그을었다.**

숯불에 살짝 그슬어 먹자.

모자를 쓰면 햇볕에 얼굴이 그을지 않아요.

더 알아봐요!

'그을다'에 '-은'이 이어지면 '을'의 'ㄹ'이 탈락돼요. 그래서 '그으은'이 되는데 '으'가 두 번 겹쳐지므로 '으' 하나가 탈락되고 '그은'이 되지요.
"밖에서 얼마나 오래 있었기에 피부가 이렇게 그을은 거니?" (×)
"밖에서 얼마나 오래 있었기에 피부가 이렇게 그은 거니?" (○)

기르다/가꾸다/키우다 동사

기르다는 '동식물을 보살펴 자라게 하다', '아이를 보살펴 키우다', '사람을 가르쳐 키우다'는 뜻이 있는 낱말이에요. 자라게 하는 대상이 사람·가축·식물인 경우 모두 쓰며, 길이와 관련된 경우에도 써요.

가꾸다는 '식물이나 그것을 기르는 장소 따위를 손질하고 보살피다', '몸을 잘 매만지거나 꾸미다', '좋은 상태로 만들려고 보살피고 꾸려 가다'는 뜻이에요. 자라게 하는 대상을 취미 삼아 다룰 수 있는 식물에 한정하며, 농작물인 경우에는 쓰면 어색해요. 식물 이외의 것은 보기 좋게 하거나 가지런하게 한다는 의미로 씁니다.

키우다는 '동식물을 돌보아 기르다', '사람을 돌보아 몸과 마음이 자라게 하다', '수준이나 능력 따위를 높이다'의 뜻으로 사용해요.

예 올해부터 강아지를 **기르기** 시작했다.
　　화초 **가꾸는** 취미를 잘 살리면 부업도 할 수 있다.
　　이번 대회에 나가려면 몸집부터 **키워야** 한다.

기특하다/대견하다 형용사

기특하다는 '말하고 행동하는 것이 신통하여 귀염성이 있다'는 뜻이에요.
대견하다는 '흐뭇하고 자랑스럽다'는 뜻이에요.

예) 말하기 전에 알아서 깨끗이 청소를 한 아들이 **기특했다**.
어려운 일을 해낸 내 자신이 무척 **대견했다**.

다르게 써요!

기특하다는 아랫사람 특히 아이들에 대해 써요. **대견하다**는 주로 아랫사람에게 쓰는데 아이뿐 아니라 어른, 자신의 일에 대해서도 써요.

긷다/깁다 동사

긷다는 '물을 퍼서 담다', '우물이나 샘 따위에서 두레박이나 바가지 따위로 물을 떠내다'는 뜻이에요.
깁다는 '떨어지거나 해어진 곳에 다른 조각을 대거나 또는 그대로 꿰매다', '글이나 책에서 내용의 부족한 점을 보충하다'는 뜻이 있어요.

예 우물에서 물을 **긷는** 풍경이 정겨웠다.
요새는 구멍 난 양말을 **깁는** 모습을 보기 어렵다.

길짐승/날짐승 명사

길짐승은 '기어 다니는 짐승을 통틀어 이르는 말'로, 한자로는 '수(獸)'라고 해요.

날짐승은 '날아다니는 짐승을 통틀어 이르는 말'로, 한자로는 '금(禽)'이에요. 그래서 모든 짐승을 한자로 나타내면 길짐승과 날짐승을 합한 '금수(禽獸)'가 됩니다.

예 이 산에는 아직도 노루나 멧돼지 같은 **길짐승**이 많이 산다.
하늘의 제왕이라 불리는 독수리는 **날짐승**의 우두머리이다.

궁금해요! 문법 용어

합성어는 둘 이상의 어근으로 이루어진 단어를 말해요. 예를 들어 '돌다리'는 '돌(명사-어근)'과 '다리(명사-어근)'가 결합하여 이루어진 낱말이지요. 합성어는 단어 사이를 붙여 써야 해요. 띄어 쓰면 의미가 달라지거든요. 예를 들어 '작은 아버지'는 키나 몸집이 작은 아버지를 뜻하며, 합성어인 '작은아버지'는 아버지의 형제 중 동생을 말해요.

깍쟁이/깍정이 명사

깍쟁이는 '이기적이고 인색한 사람', '아주 약빠른 사람'을 가리키는 표현이에요.

깍정이는 '깍쟁이'의 어원이기도 하며, '밤, 도토리 같은 밤나무, 떡갈나무 따위의 열매를 싸고 있는 술잔 모양의 받침'을 의미하는 말이에요.

예) 우리 동네 부자는 돈이 많아도 어려운 사람을 도와주지 않는 **깍쟁이**이다.
도토리**깍정이**가 꼭 아기가 쓴 모자처럼 생겼다.

궁금해요! 어원

깍쟁이는 원래는 깍정이가 변한 말이에요. 조선을 세운 이성계는 한양에 도읍을 정한 뒤, 나라의 기틀을 확고히 하기 위해 죄 지은 자들에게 엄한 벌을 주었어요. 가벼운 죄를 저지른 사람은 얼굴에 먹으로 죄명을 새긴 다음 석방시켰는데, 그 사람들을 '깍정이'라고 불렀어요. 깍정이들은 얼굴 흉터 때문에 사회생활을 제대로 하기 어려웠어요. 그래서 패거리를 지어 살면서 큰 잔칫날이나 명절에 이곳저곳을 찾아다니며 음식과 돈을 뜯어내거나 구걸하며 살았어요. 그중에는 돈을 모아 장사를 하기도 했는데 주로 장의(장례) 일이었어요. 생활이 어렵다 보니 인색하고 인정머리 없는 행동을 많이 하게 되어서 이기적이고 얄밉게 행동하는 사람들을 '깍정이'라고 부르게 되었답니다.

깜작/깜짝 부사

깜작은 '눈이 잠깐 감겼다가 뜨이는 모양'을 뜻해요. '-거리다', '-대다' 등과 결합한 형태로 쓸 수 있어요.

깜짝은 '깜작'의 센말이며, '갑자기 놀라는 모양'이라는 뜻도 있어요.

예 까만 두 눈을 **깜작**거릴 때마다 눈물이 흘러내렸다.
　　내가 부르는 소리에 그는 **깜짝** 놀랐다.

껍데기/껍질 명사

껍데기는 '달걀이나 조개 따위의 겉을 싸고 있는 단단한 물질', '알맹이를 빼내고 겉에 남은 물건'을 가리켜요.
껍질은 '딱딱하지 않은 물체의 겉을 싸고 있는 질긴 물질의 켜'를 가리켜요.

예 빨래를 삶을 때 달걀 **껍데기**를 넣으면 표백 효과가 있다.
　사과는 **껍질**에도 영양분이 많다.

다르게 써요!

껍데기는 안에 있는 물질과 잘 떨어지며, 주로 딱딱하거나 메마른 것에 써요. 안에 있는 물질을 잘 보호하기 위해 만든 작은 상자 모양이나 봉지, 포장 같은 것에도 쓰는 표현이에요. 반면에 **껍질**은 안에 있는 물건과 잘 떨어지지 않으며, 얇은 두께에 무른 성질을 가진 것에 주로 쓴답니다.

꼽다/꽂다 동사

꼽다는 '수나 날짜를 세려고 손가락을 하나씩 헤아리다', '골라서 지목하다' 등의 뜻이 있어요.
꽂다는 '쓰러지거나 빠지지 아니하게 박아 세우거나 끼우다', '내던져서 거꾸로 박히게 하다', '시선 따위를 한곳에 고정하다' 등의 뜻이 있어요.
간혹 '막대기를 바닥에 꼽았다'처럼 쓰는 경우가 있는데 이는 잘못된 표현이에요. '막대기를 바닥에 꽂았다'가 맞는 말이에요.

예 꽃을 병에 **꽂았다**.
그는 흐르는 강물에 눈길을 **꽂고** 멍하니 있었다.
방학이 며칠이나 남았는지 손가락을 **꼽아** 보았다.
떡볶이는 내가 최고로 **꼽는** 음식이다.

꾸지람/야단/지청구 명사

꾸지람은 '아랫사람의 잘못을 꾸짖는 말'을 뜻해요.
야단은 '매우 떠들썩하게 일을 벌이거나 부산하게 법석거림, 또는 그런 짓', '소리를 높여 마구 꾸짖는 일', '난처하거나 딱한 일'의 뜻이 있어요.
지청구는 꾸지람과 같은 의미도 있으며, '까닭 없이 남을 탓하고 원망함'의 뜻도 있어요.

예 방학 숙제를 하지 않아 **꾸지람**을 들었다.
내가 그릇을 깼는데도 어머니는 **야단**을 하지 않으셨다.
또 무슨 **지청구**를 들을지 몰라 가슴을 졸였다.

끄르다/풀다 동사

끄르다는 '맺은 것이나 맨 것을 풀다', '잠긴 것이나 채워져 있는 것을 열다'는 뜻이에요.

풀다는 '묶이거나 감기거나 얽히거나 합쳐진 것 따위를 그렇지 아니한 상태로 되게 하다', '일어난 감정 따위를 누그러뜨리다', '마음에 맺혀 있는 것을 해결하여 없애거나 품고 있는 것을 이루다'는 뜻이에요.

예) 보따리를 **끌러** 싸 온 물건을 정리했다.
실전에서는 긴장을 **풀어야** 실력을 제대로 발휘할 수 있다.

보따리를 끌러 보렴.
뭐가 들었을까?
궁금증이 풀렸어요.

다르게 써요!

끄르다의 대상은 감기거나 꼬이거나 얽혀 있는 것으로, 추상적이거나 심리적인 것에는 쓰이지 않아요. 반면에 **풀다**는 대상이 구체적이거나 정신적·심리적인 것일 때 모두 쓰인답니다.

끈/줄 명사

끈은 '물건을 매거나 꿰거나 하는 데 쓰는 가늘고 긴 물건'으로 노, 줄, 실, 헝겊 오리(실, 나무, 대 따위의 가늘고 긴 조각), 가죽 오리 따위가 있으며, '물건에 붙어서 잡아매거나 손잡이로 쓰는 물건'을 의미하기도 해요.

줄은 '노, 새끼 따위와 같이 무엇을 묶거나 동이는 데 쓸 수 있는 가늘고 긴 물건을 통틀어 이르는 말', '길이로 죽 벌이거나 늘여 있는 것', '길이로 죽 벌이거나 늘여 있는 것을 세는 단위' 등의 뜻이 있어요.

예 (속담) **끈** 떨어진 뒤웅박.
  ○ 외롭고 의지할 데 없는 신세라는 뜻.
  모처럼 햇빛이 비추자 빨래를 **줄**에 널었다.

다르게 써요!

끈의 경우는 재료가 금속성인 경우에는 제한되므로 유의해야 해요. 줄은 비교적 멀리 떨어져 있는 두 물체 사이를 가로질러 이을 수 있는 것을 가리킬 때에 주로 써요.

끓이다/쑤다 동사

끓이다는 '액체가 몹시 뜨거워져서 소리를 내면서 거품이 솟아오르게 하다'는 뜻이에요.

쑤다는 '곡식의 알이나 가루를 물에 끓여 익히다'는 의미예요. 끓이는 대상이 곡식의 알과 가루일 때는 '쑨다'라고 해야 옳은 표현입니다.

예 시금치는 물이 팔팔 **끓을** 때 넣어서 살짝 데쳐야 한다.
쌀을 충분히 불린 다음에 죽을 **쑤어야** 잘 퍼진다.

-ㄴ걸/-ㄴ 걸

-ㄴ걸은 동사나 형용사 뒤에 붙어서 어떤 사실에 대한 자신의 생각이나 느낌을 가볍게 반박하여 나타내거나, 스스로 가볍게 감탄하여 나타내는 말로 쓰여요. '이미 시간이 지나버린걸'(반박), '재미있는걸!'(감탄)처럼 쓰여요.

-ㄴ 걸은 ㄴ으로 끝난 동사나 형용사에 '걸(것을)'을 뒤따라 쓴 형태예요. 앞에 있는 '-ㄴ'이 뒤에 오는 '걸(것을)'을 꾸며주므로 서로 띄어 써야 해요. '하던 걸 계속해라'처럼 쓰여요.

'-ㄴ걸'과 '-ㄴ 걸'은 띄어쓰기가 참 헷갈리는 말이에요. 이럴 때에는 '걸' 대신에 '것을'을 넣어 자연스러우면 띄어 쓰고, 부자연스러우면 붙여 쓰면 돼요.

예 사과는 맛이 괜찮**은걸**!
공부하**던 걸** 마저 하고 청소를 할게요.
  '걸'을 '것을'로 바꾸어도 자연스러우므로 띄어 쓰는 것이 옳아요.

난 너무 예쁜걸!

먹던 걸 마저 먹고 운동해야지.

-ㄴ데/-ㄴ 데

-ㄴ데는 뒤에 오는 어떤 일에 대해서 그것과 관련된 상황을 미리 말할 때 써요. '우리 반 친구들은 착한데 조금 시끄러워'처럼 말이에요. 또는 어떤 일을 감탄할 때나 상대에게 대답을 요구하며 물어볼 때에도 씁니다. '정말 예쁜데!'(감탄), '그건 얼만데?'(물음)처럼 말이에요.

-ㄴ 데는 앞에 오는 '-ㄴ'이 뒤에 오는 '데'를 꾸며 주는 형태이므로 서로 띄어 써야 해요. '데'는 장소나 경우를 나타내요. '높은 데로 올라가자'(장소), '머리 아픈 데 먹는 약'(경우)처럼 쓰여요.

'-ㄴ데'과 '-ㄴ 데'도 띄어쓰기가 헷갈리는 말이에요. 이럴 때에는 '데' 뒤에 조사인 '에'를 붙여서 문장이 자연스러우면 띄어 쓰고, 부자연스러우면 붙여 쓰세요.

예 놀러 가고 싶**은데** 시간이 없어서 아쉽다.
    삽은 땅을 파고 흙을 뜨**는 데** 쓰는 연장이다.
    ○ '데' 뒤에 '에'를 붙였을 때 자연스러우므로 띄어 써야 해요.

-ㄴ지/-ㄴ 지

-ㄴ지는 뒤에 오는 내용에 대한 근거나 원인을 추측할 때 쓰는 말이에요. '사과가 얼마나 큰지 다 먹기 힘들다'처럼요. 또는 의문이나 궁금증에 대한 추측을 나타낼 때에도 쓰여요. '얼마나 웃긴지 아니?'처럼요.

-ㄴ 지는 앞에 오는 '-ㄴ'이 뒤에 오는 '지'를 꾸며 주는 형태이므로 서로 띄어 써야 해요. '지'는 어떤 일이 있었던 때로부터 지금까지의 기간을 나타내는 말이에요. '너를 만난 지 2년이 넘었네'처럼 쓰여요.

'-ㄴ지'와 '-ㄴ 지'도 띄어쓰기가 헷갈리는 말이에요. 이럴 때에는 '지'가 시간과 관련된 뜻이면 띄어 쓰고, 그렇지 않으면 붙여 쓰면 돼요.

예 어찌나 목소리가 크**던지**.
여자 친구와 헤어**진 지** 10년이 지났다.

나가다/나아가다 동사

나가다는 '일정한 지역이나 공간의 범위와 관련하여 그 안에서 밖으로 이동하다', '앞쪽으로 움직이다', '월급이나 비용 따위가 지급되거나 지출되다' 등의 의미가 있어요.

나아가다는 '앞으로 향하여 가다, 또는 앞을 향하여 가다', '일이 점점 되어 가다', '목적하는 방향을 향하여 가다' 등의 뜻이 있어요.

이동의 의미가 있으면 '나가다'로, 진전이나 향상, 목적하는 방향과 연관이 있을 때는 '나아가다'로 써야 해요.

예) 문을 열고 복도를 거쳐야 밖으로 **나갈** 수 있다.
이것이 우리가 **나아갈** 방향이다.

나르다/날다 동사

나르다는 '물건을 한곳에서 다른 데로 옮기다'의 뜻이에요.
날다는 '공중에 떠서 어떤 위치에서 다른 위치로 움직이다', '어떤 물체가 매우 빨리 움직이다' 그리고 '달아나다를 속되게 이르는 말'이에요.
'나르다'는 문장에서 쓸 때 '날라', '나르니' 등으로 활용돼요. '날다'는 문장에서 쓸 때 '날아', '나니' 등으로 활용돼요. 흔히 '하늘을 날으는 새'라고 쓰는 경우가 많은데 이것은 틀린 말이에요. '하늘을 나는 새'라고 써야 해요.

예 거실에 있는 화분을 옥상으로 **날랐다.**
　　철새들이 줄지어 **날아가는** 모습이 장관이다.

나래/날개 (명사)

나래는 문학 작품 따위에서 '날개'를 이르는 말이에요. '날개'보다 부드러운 느낌을 줘요. 또는 논밭을 평평하게 고르는 데 쓰는 농기구의 이름이기도 하고, 배를 젓는 데 쓰는 도구를 가리키기도 해요.

날개는 '새나 곤충의 몸 양쪽에 붙어서 날아다니는 데 쓰는 기관', '공중에 잘 뜨게 하기 위하여 비행기의 양쪽 옆에 단 부분', '선풍기 따위와 같이 물건의 몸통에 달려 바람을 일으키도록 만들어 놓은 부분' 등의 뜻이 있어요.

예) 네 꿈의 **나래**를 활짝 펼쳐 훨훨 날아 보아라.
날개가 부러졌는지 새가 바닥에서 파닥거리고 있었다.

나머지/우수리 명사

나머지는 '일정 수량을 채우고 남은 수량이나 여분', '일정한 수량에 다 차지 못한, 모자라는 수량, 부족분', '일정량에서 일부분을 제했을 때의 남은 수량' 등의 뜻이 있어요.

우수리는 '물건값을 제하고 받는 잔돈, 거스름돈', '일정한 수효를 다 채우고 남은 수'의 의미가 있어요.

예) 용돈에서 간식비를 뺀 **나머지**는 저금을 했다.
준비물을 사고 남은 **우수리**는 항상 내 몫이다.

더 알아봐요!

나머지는 전체 수량이 있고 그중에서 필요한 만큼을 채우고도 남은 것을 가리켜요. 반면에 **우수리**는 돈 따위에서 끝자리에 붙는 약간의 돈을 가리킬 때 많이 쓰는 표현이에요.

나비/너비/넓이 명사

나비는 '천이나 종이 따위의 너비'를 가리켜요.
너비는 '평면이나 넓은 물체의 가로만 잰 길이나 폭'을 의미해요.
넓이는 '가로의 길이와 세로의 길이 사이의 면적'을 뜻해요.

예) 이 옷감의 **나비**는 30센티미터로 좁은 편이다.
옷장의 **너비**가 책상보다 넓다.
학교 운동장의 **넓이**가 얼마나 되는지 궁금하다.

나쁘다/해롭다 형용사

나쁘다는 '옳지 않다. 악하다', '좋지 않다', '건강 따위에 해롭다', '어떤 일을 하기에 시기나 상황이 적절치 아니하다' 등의 뜻이 있어요.
해롭다는 '어떠한 것에 이롭지 못하거나 손상을 입히다'의 뜻이 있어요. '해롭다' 앞에는 '-에'가 오며 '나쁘다'보다 훨씬 좁은 의미로 쓰인다는 차이가 있습니다.

예) 오늘은 날씨가 **나빠서** 물놀이는 다음에 가야겠다.
술을 자주 마시는 것은 건강에 **나쁘다.**
삼촌은 몸에 **해로운** 담배를 끊었다.

나았다/낳았다 동사

나았다는 '낫다'의 과거형으로 '병이나 상처 따위가 고쳐져 본래대로 되다'의 뜻이에요.
낳았다는 '낳다'의 과거형으로 '배 속의 아이, 새끼, 알을 몸 밖으로 내놓다', '어떤 결과를 이루거나 가져오다', '어떤 환경이나 상황의 영향으로 어떤 인물이 나타나도록 한다' 등의 뜻이 있지요.
형태는 다르지만 소리가 같아 헷갈릴 수 있으므로 유의해야 해요.

예 약을 먹었더니 병이 금세 **나았다.**
우리 집 소가 드디어 새끼를 **낳았다.**

나절가웃/반나절 명사

나절가웃은 '하루 낮의 4분의 3'이라는 뜻이에요.
반나절은 '한나절의 반쯤 되는 동안'이라는 뜻이 있어요. 그러니까 나절가웃보다 반나절이 더 짧지요.

예) 풀이 많이 자라 **나절가웃**을 밭에서 보냈다.
숙제가 밀렸는데도 **반나절**이나 노는 데 시간을 보냈다.

더 알아봐요!

'나절'은 하룻낮의 어느 무렵이나 동안을 나타내는 말이에요. 보통 '한나절'은 하룻낮의 절반을 나타내지요. 대강 아침 6시부터 저녁 6시까지를 하룻낮으로 본다면 한나절은 약 6시간 정도가 되겠죠. 그렇지만 '한나절', '반나절', '나절가웃' 등은 시간의 양을 어림잡아 나타내는 말이므로 정확히 몇 시간인지를 따지지는 않아요.

낟알/낱알 명사

낟알은 '껍질을 벗기지 아니한 곡식의 알'을 뜻하며, 보리나 벼 따위의 곡식에만 쓸 수 있어요.
낱알은 '하나하나 따로따로인 알'을 의미해요. 그래서 사탕이나 달걀 따위처럼 알이라고 할 수 있는 모든 것을 가리킬 때 쓴답니다.

예) 이번 벼이삭은 **낟알**이 굵고 잘 여물었다.
동생은 옥수수를 먹지 않고 **낱알**을 떼어 장난쳤다.

낟/낫/낮/낯/낱 명사

낟은 '곡식의 알'을 가리키는 낱말이에요.
낫은 곡식, 나무, 풀 따위를 베는 데 쓰는 농기구로, 'ㄱ' 자 모양으로 만들어 안쪽에 날을 내고, 뒤 끝에 나무 자루를 박아 만들어요.
낮은 '해가 뜰 때부터 질 때까지의 동안', '아침이 지나고 저녁이 되기 전까지의 동안'을 뜻해요.
낯은 '눈, 코, 입 따위가 있는 얼굴의 바닥', '남을 대할 만한 체면'을 가리키는 말이에요.
낱은 '셀 수 있는 물건의 하나하나', '여럿 가운데 따로따로인, 아주 작거나 가늘거나 얇은 물건을 하나하나 세는 단위'의 뜻이 있어요.

예 목덜미에 좁쌀 **낟** 같은 것이 돋아났다.
  (속담) **낫** 놓고 기역자도 모른다.
    ◎ 기역자처럼 생긴 낫을 보고도 글자를 모른다는 뜻으로, 아주 무식한 사람을 이르는 말.
  하지는 **낮**이 가장 길고 밤이 가장 짧은 날이다.
  허겁지겁 먹느라 **낯**에 밥알이 잔뜩 붙었다.
  묶음으로 사는 것보다 **낱**으로 사는 것이 더 비싸다.

낫다/낮다/낳다 형용사/형용사/동사

낫다는 '보다 더 좋거나 앞서 있다'는 뜻이에요.

낮다는 '아래에서 위까지의 높이가 기준이 되는 대상이나 보통 정도에 미치지 못하는 상태에 있다', '높낮이로 잴 수 있는 수치나 정도가 기준이 되는 대상이나 보통 정도에 미치지 못하는 상태에 있다', '품위, 능력, 품질 따위가 바라는 기준이나 보통 정도에 미치지 못하는 상태에 있다' 등의 뜻이 있어요.

낳다는 '배 속의 아이, 새끼, 알을 몸 밖으로 내놓다', '어떤 결과를 이루거나 가져오다', '어떤 환경이나 상황의 영향으로 어떤 인물이 나타나도록 한다' 등의 뜻이 있어요.

예 비바람이 몰아칠 때는 우산보다 우비가 **낫다**.

낮게 깔린 먹구름을 보니 금방이라도 비가 내릴 것 같다.

닭이 방금 **낳은** 알은 신선하다.

내/시내 명사

내는 '시내보다 크고 강보다 작은 물줄기'로 개천 정도를 뜻해요.
시내는 '골짜기나 평지에서 흐르는 자그마한 물줄기'로 내보다는 작습니다. 시내와 내의 차이는 물의 흐름과 관계가 있어요. 시내는 굽어 도는 곳마다 물살이 세지는 여울목이 있지만, 내는 여울이 없던가 아주 드물지요. 내는 주로 편편한 들판에 있고 물길도 깊고 너르답니다. 이렇듯 물줄기는 크기와 특성에 따라 이름이 다르므로 적절한 것을 골라 써야 해요.

예 어릴 적에는 **내**를 건너 학교를 다녔다.
다리 밑으로 맑은 **시내**가 흘렀다.

더 알아봐요!

산골짜기에 물길이 생기면 '골개'를 이루고 골개가 모이면 '개울'이 돼요. 개울이 모이면 '도랑'이 되고 도랑이 모여 이루는 줄기가 '시내'예요. 시내는 또 몇 갈래의 시내와 개울이 모여 '내'를 이루는데, 냇물은 느리게 흐르지만 깊답니다. '내'가 천천히 흘러서 들어가는 곳이 '가람'이고, 가람은 많은 내가 모여 조금씩 넓어져 '강'이 되지요. 이렇듯 강은 크고 작은 물줄기가 모여서 이루어진답니다.

냅다/들입다 부사

냅다는 '몹시 세차고 빠르게'를 뜻해요.
들입다는 '막 무리하게 힘을 들여서', '세차게 마구'의 뜻이 있지요.
행동의 빠름을 나타낼 때는 '냅다'를, 상대의 입장을 살피지 않고 일방적인 행동을 할 때는 '들입다'를 쓰면 됩니다.

예) 자초지종은 듣지도 않고 상대편을 **냅다** 후려쳤다.
문을 벌컥 열어젖히고는 **들입다** 화를 냈다.
욕실로 뛰어 들어가 얼굴에 **들입다** 물을 끼얹었다.

너더분하다/너저분하다 `형용사`

너더분하다는 '여럿이 뒤섞여 널려 있어 어지럽다', '말이 어수선하고 복잡하여 필요 이상으로 길다'는 뜻이 있어요.
너저분하다는 '질서가 없이 마구 널려 있어 어지럽고 깨끗하지 않다', '말이 쓸데없이 복잡하고 길다'는 뜻이에요.
'너더분하다'보다 '너저분하다'는 표현을 더 많이 사용해요.

예 **너더분한** 말은 그만하고 본론만 얘기해라.
　　며칠 동안 청소를 하지 않아 집 안이 **너저분하다.**

아들 방은 항상 너저분하구나.

너른/넓은 형용사

너른은 '너르다'의 활용형으로 '공간이 두루 다 넓다', '마음을 쓰는 것이나 생각하는 것이 너그럽고 크다' 등의 의미가 있어요.

넓은은 '넓다'의 활용형으로 '면이나 바닥 따위의 면적이 크다', '너비가 크다', '마음 쓰는 것이 크고 너그럽다' 등의 뜻이 있어요.

'너르다'는 공간이나 범위에 주로 쓰며, '넓다'는 면이나 바닥 따위의 면적에 주로 써요. 둘 다 마음의 상태를 나타낼 때도 써요.

예 우리는 전에 살던 집보다 **너른** 곳으로 이사했다.
    김해평야는 **넓고** 기름진 평야로 유명하다.

너머/넘어 명사/동사

너머는 '산이나 고개 등 높거나 넓은 것의 저쪽'을 가리켜요.
넘어는 '넘다'의 활용형으로 '이쪽에서 저쪽으로 어떤 사물의 위를 지나서'의 뜻을 나타냅니다.
실제 어느 대상을 넘어가는 동작이 있을 때에는 '넘어'를 쓰고, 그렇지 않고 그 대상을 바라보는 시선이나 상상 따위를 나타낼 때에는 '너머'를 쓰지요. '저 산을 넘어가자'(동작), '저 산 너머에 뭐가 있을까?'(시선)처럼 씁니다.

예) 저 고개 **너머**에 있는 마을이 목적지이다.
　　고개를 **넘어** 가야 내가 찾는 마을이 나온다.

너무/매우/몹시/무척/아주 부사

일반적으로 '많음'을 나타낼 때 사용하는 부사는 '아주' 다양합니다. 앞 문장에서도 '아주'를 대신해 '매우'나 '무척'을 쓸 수 있지요. 뜻이 비슷하지만 가려서 써야 할 때도 있으므로 유의하세요.

너무는 '일정한 정도를 넘어 지나치게'의 뜻이 있어요.
매우는 '보통 정도보다 훨씬 더'의 뜻이 있어요.
몹시는 '더할 수 없이 심하게'의 뜻이 있어요.
무척은 '다른 것과 견줄 수 없이'의 뜻이 있어요.
아주는 '보통 정도보다 훨씬 더 넘어선 상태', '어떤 행동이나 작용 또는 상태를 어찌할 수 없음'을 나타내는 말이에요.

예) 집에서 도서관까지는 **너무** 멀어서 걸어갈 수 없다.
한글은 **매우** 독창적이고 과학적으로 만들어졌다.
곱지 않은 시선 때문에 **몹시** 기분이 상했다.
합격 소식을 듣고 어머니는 **무척** 기뻐하셨다.
이번 시험 문제는 **아주** 쉬웠다.

너의/너희 대명사

너의는 상대가 친구나 아랫사람일 때 그 사람을 가리키는 말인 '너'에 조사 '의'가 합해진 말이에요. 여기에서 조사 '의'는 '나의', '너의', '우리의'처럼 대상의 주체를 나타내는 말이에요.

너희는 상대가 친구나 아랫사람일 때 그 사람들을 가리키는 말이에요.

'너의'는 듣는 사람 한 명을 가리키는 말이고, '너희'는 여러 명을 가리키는 말이지요.

예 **너의** 취미는 무엇이니?

　　너희끼리만 놀지 말고 같이 놀아라.

넘겨다보다/넘보다

넘겨다보다는 '고개를 들어 가리어진 물건 위로 건너 쪽을 보다', '어떤 것을 욕심내어 마음에 두다', '넘겨짚어서 알아보다' 등의 뜻이 있어요.

넘보다는 '남의 능력 따위를 업신여겨 얕보다'의 뜻이 있어요. 그리고 '넘겨다보다'의 '어떤 것을 욕심내어 마음에 두다'는 뜻도 있습니다.

예 아이는 담장을 **넘겨다보려고** 까치발을 했다.
몸집은 작아도 함부로 **넘볼** 수 없는 상대이다.
남의 돈을 **넘보지**(넘겨다보지) 마라.

-네/-들 〔접사〕

'-네'와 '-들'은 낱말 뒤에 붙어서 여럿을 뜻하는 복수 표현에 쓰는 말이에요.
-네는 '당신'이나 '부인' 등 사람을 나타내는 명사에만 제한적으로 붙어요. 그리고 '여편네'처럼 '-네'가 붙어도 단수일 경우가 있어요.
-들은 대부분의 명사나 대명사 뒤에 붙어요. 게다가 부사나 용언(동사와 형용사)의 활용형에도 붙을 수 있습니다.

예 **당신네**가 잘못해 놓고 따지다니 적반하장이네.
　　창밖에서 **아이들** 노는 소리가 들려왔다.
　　할 일이 태산인데 참 **잘들** 노는구나!

노름/놀음 명사

노름은 '돈이나 재물 따위를 걸고 주사위, 골패, 마작, 화투, 트럼프 따위를 해서 서로 내기를 하는 일'을 뜻해요.

놀음은 '놀다'라는 동사에서 생긴 명사로 '여러 사람이 모여서 즐겁게 노는 일, 또는 그런 활동', '굿, 풍물, 인형극 따위의 우리나라 전통적인 연희를 하다' 등의 뜻이 있어요.

'노름'은 '놀음'에서 온 말이지만 부정적인 의미로 쓰여요.

예 (속담) **노름**은 본전에 망한다.
　　⇨ 잃은 본전만을 되찾겠다는 마음으로 자꾸 노름을 하다 보면 더욱 깊이 노름에 빠져 헤어나지 못하게 된다는 말.
　예전에는 여자아이들이 풀잎으로 인형을 만들어서 각시**놀음**을 했다.

놀라다/놀래다 동사

놀라다는 '뜻밖의 일이나 무서움에 가슴이 두근거리다', '뛰어나거나 신기한 것을 보고 매우 감동하다', '어처구니가 없거나 기가 막히다' 등의 뜻이 있어요. **놀래다**는 '놀라게 하다'는 뜻으로, 놀라는 당사자가 말하는 사람이 아니라 상대방이라는 것이 다릅니다.

예 화재 경보 소리에 **놀라** 밖으로 나왔다.
그의 재빠른 임기응변에는 **놀래지** 않을 수 없었다. (×)
숨어 있다 갑자기 나타나서 그를 **놀래** 주자.

누다/싸다 동사

누다는 '소변이나 대변 따위를 몸 밖으로 내보내다'는 뜻으로 주로 의지를 가지고 대소변을 보는 경우에 쓰는 표현이에요.

싸다는 '누다'를 속되게 이르는 말로 '소변이나 대변 따위를 참지 못하고 함부로 누다'의 뜻이에요. 주로 어린아이들이 의지와 상관없이 대소변을 누게 되는 경우에 씁니다.

> 예 똥을 **누고** 나서 보니 휴지가 없었다.
> 동생이 자다가 오줌을 **싸서** 엄마에게 혼이 났다.

더 알아봐요!

요즘 친구들 사이에서 '누다'와 '싸다'를 제대로 구별하여 쓰지 않는 경향이 있어요. 화장실을 갈 때에도 '나 똥 싸러 가', '쉬 싸러 갈게'와 같이 일상 언어를 거칠게 쓰는 경우가 많습니다. '누다'와 '싸다'를 올바르게 구별해서 아름다운 우리말을 가려 쓰도록 해요.

느리다/늦다   형용사/동사·형용사

느리다는 '어떤 동작을 하는 데 걸리는 시간이 길다', '어떤 일이 이루어지는 과정이나 기간이 길다', '기세나 형세가 약하거나 밋밋하다' 등의 뜻이 있어요.
늦다가 동사일 때는 '정해진 때보다 지나다'의 뜻이고, 형용사일 때는 '기준이 되는 때보다 뒤져 있다', '시간이 알맞을 때를 지나 있다, 또는 시기가 한창인 때를 지나 있다'의 뜻으로 쓰여요.
속도를 나타내느냐 시기를 나타내느냐에 따라 가려 써야 해요.

예 걸음이 **느려서** 뒤처지고 말았다.

(속담) **늦게** 배운 도둑이 날 새는 줄 모른다.
　⇒ 어떤 일에 남보다 늦게 재미를 붙인 사람이 그 일에 더 열중하게 됨을 비유적으로 이르는 말.

늘리다/늘이다 동사

늘리다는 '이전보다 많아지게 하다'는 뜻으로, 수나 양, 무게, 시간, 돈 따위가 많아진다는 뜻으로 쓰는 말이에요.

늘이다는 '당겨서 원래보다 더 길게 하다'는 뜻으로, 길이를 더 길게 하거나 영역이 더 넓어진다는 뜻으로 쓰는 말이지요.

예) 지원자가 많아서 정원을 **늘렸다.**
새총에 돌을 끼운 다음 고무줄을 **늘여** 튕겼다.
행사장 입구에서 엿장수가 엿을 **늘이고** 있었다.

다르다/틀리다 형용사/동사

다르다는 '비교가 되는 두 대상이 서로 같지 아니하다' 또는 '특별히 두드러진 데가 있다'의 뜻이 있어요.

틀리다는 '셈이나 사실 따위가 그르게 되거나 어긋나다' 또는 '바라거나 하려는 일이 순조롭게 되지 못하다', '마음이나 행동 따위가 올바르지 못하고 비뚤어지다'를 뜻하는 말이에요.

'다르다'를 써야 할 상황에 '틀리다'를 쓰지 않도록 유의해야 해요.

예) 현명한 부모는 대화법부터 **다르다**.
대사를 하나도 안 **틀리고** 줄줄 왼다.

다만/단지/오직

다만은 '다른 것이 아니라 오로지', '그 이상은 아니지만 그 정도는', '앞의 말을 받아 예외적인 사항이나 조건을 덧붙일 때 그 말머리에 쓰는 말' 등의 뜻이 있는데, 능력이나 상황 때문에 어쩔 수 없이 어느 한 가지 대상에 관심이 제한됨을 나타낼 때 써요. 그래서 양보하는 대상에 대한 아쉬움이 느껴집니다.

단지는 여러 가지 대상 중에서 선택된 것이 적거나 대단찮은 범위에 국한됨을 나타낼 때 사용하는 것이 적절합니다.

오직은 '여러 가지 가운데서 다른 것은 있을 수 없고 다만'이라는 뜻이에요. '오직'은 제한되어 선택되는 것을 최선으로 생각하는 의미가 담겨 있지요.

예) 내게 있는 것은 **다만** 동전 몇 개뿐이다.

우리는 **단지** 취미가 같다는 이유 하나만으로 결혼했다.

지난 일 년 동안 **오직** 운동에만 열중했다.

다치다/닫치다/닫히다 동사

다치다는 '부딪치거나 맞거나 하여 신체에 상처를 입다. 또는 입히게 하다', '남의 마음이나 체면, 명예에 손상을 끼치다. 또는 끼치게 하다', '남의 재산에 손해를 끼치다. 또는 끼치게 하다' 등의 뜻이 있어요.

닫치다는 '열린 문짝, 뚜껑, 서랍 따위를 꼭꼭 또는 세게 닫다', '입을 굳게 다물다'라는 뜻이에요.

닫히다는 '열린 문짝, 뚜껑, 서랍 따위를 도로 제자리로 가게 하여 막다', '회의나 모임 따위를 끝내다', '하루의 영업을 마치다'의 뜻이 있어요.

'닫치다'와 '닫히다'는 뜻이 비슷하지만, '닫치다'는 문장에서 쓸 때 '~을/를 닫치고', '~을/를 닫쳐'처럼 쓰고, '닫히다'는 '~이/가 닫혀', '~이/가 닫혔다'처럼 씁니다.

예 무거운 짐을 나르다가 허리를 **다쳤다.**
아버지는 화가 났는지 문을 탁 **닫치고** 나갔다.
얼마나 바람이 센지 열어 놓은 창문이 **닫혔다.**

다투다/싸우다 `동사`

다투다는 '의견이나 이해의 대립으로 서로 따지며 싸우다', '승부나 우열을 겨루다', '사태가 매우 급하다'의 뜻이에요.
싸우다는 '말, 힘, 무기 따위를 가지고 서로 이기려고 다투다', '경기 따위에서 우열을 가리다', '시련, 어려움 따위를 이겨 내려고 애쓰다' 등의 뜻이 있어요.

예 삼 남매는 **다투는** 일 없이 잘 지낸다.
국경이 맞닿아 있는 두 나라는 10년이 넘게 **싸우고** 있다.

다르게 써요!

다투다는 대상이 사람이면서 말로 잘잘못을 가리는 것이에요. **싸우다**는 물리적인 힘이나 말 따위로 상대를 이기려는 상황에 쓰고 사람이 아닌 경우에 써도 자연스러워요.

다리다/달이다 동사

다리다는 '옷이나 천의 주름이나 구김을 펴고 줄을 세우기 위해 다리미로 문지르다'의 뜻으로 쓰여요.

달이다는 '액체 따위를 끓여서 진하게 만들다' 또는 '약재 따위에 물을 부어 우러나도록 끓이다'의 뜻으로 쓰여요.

옷은 다려서 입어야 하고, 한약은 달여서 먹어야 하죠. 두 낱말 모두 읽을 때 소리가 같지만 뜻은 완전히 다르니까 잘 구별해서 써야 해요.

예) 구겨진 옷을 다리미로 깔끔히 **다렸다.**
    할머니께서 한약을 정성들여 **달여** 주셨다.

고생하시는 아빠에게 '달임약'을 드려야겠네.

우리 딸 교복은 아빠가 다려 주마.

담/벽 명사

담은 '집의 둘레나 일정한 공간을 둘러막기 위하여 흙, 돌, 벽돌 따위로 쌓아 올린 것'을 뜻하며, 주로 집과 같은 건물에서 일정한 거리를 두고 그 주위를 막아서 다른 건물이나 외부의 길과 구분해요. '담'과 같은 뜻으로 쓰이는 말로 '담장'이 있어요.

벽은 '집이나 방 따위의 둘레를 막은 수직 건조물', '극복하기 어려운 한계나 장애를 비유적으로 이르는 말', '관계나 교류의 단절을 비유적으로 이르는 말' 등의 뜻이 있어요. '벽'은 비유적 표현으로도 폭넓게 쓰입니다.

예 (속담) **담**에도 귀가 달렸다.
  ○ 남이 듣지 않는 곳에서도 말을 삼가야 함을 이르는 말.
  (관용구) **벽**을 쌓다.
  ○ 서로 사귀던 관계를 끊다.

담그다/담다 동사

담그다는 '액체 속에 넣다', '김치·술·장·젓갈 따위를 만드는 재료를 버무리거나 물을 부어서, 익거나 삭도록 그릇에 넣어 두다'라는 뜻이에요.
담다는 '어떤 물건을 그릇 따위에 넣다', '어떤 내용이나 사상을 그림, 글, 말, 표정 따위 속에 포함하거나 반영하다'라는 뜻이지요.

예) 김치를 **담그는** 것은 생각보다 어렵다.
과일을 접시에 **담아** 내왔다.

담장이/담쟁이 명사

담장이는 '토담을 쌓는 일을 직업으로 하는 사람'을 가리키는 표현이에요.
담쟁이는 '포도과의 낙엽 활엽 덩굴나무'를 가리키는 '담쟁이덩굴'을 줄여 쓴 거예요.

예) 땜장이나 **담장이** 같은 직업이 점점 사라지고 있다.
앞집 담벼락에 **담쟁이**가 아래로 뻗어 있다.

당기다/댕기다/땅기다 동사

당기다는 '좋아하는 마음이 일어나 저절로 끌리다', '입맛이 돋우어지다', '물건 따위를 힘을 주어 자기 쪽이나 일정한 방향으로 가까이 오게 하다'라는 뜻이에요.

댕기다는 '불이 옮아 붙다. 또는 그렇게 하다'라는 뜻이에요.

땅기다는 '몹시 단단하고 팽팽하게 되다'라는 뜻이에요.

예 나에게 잘해주는 친구에게 마음이 **당겼다.**
맛있는 음식을 보니 입맛이 **당긴다.**
힘껏 줄을 **당겨라.**
성냥을 **댕겨** 촛불을 붙였다.
겨울에는 얼굴이 **땅기고** 잘 튼다.

더 알아봐요!

위의 말들을 '땡기다'로 쓰는 경우가 많아요. '입맛이 땡긴다', '운동을 해서 다리가 땡긴다'처럼 말이에요. 하지만 '땡기다'는 표준어가 아니에요. 바른 표현은 '입맛이 당긴다', '다리가 땅긴다'처럼 잘 구분해서 써야 해요.

당하다/입다 [동사]

당하다는 '해를 입거나 놀림을 받다', '어떤 때나 형편에 이르거나 처하다', '맞서 이겨 내다' 등의 뜻이 있어요.
입다는 '받거나 당하다'의 뜻이에요.

예) 아무 잘못도 없이 놀림을 **당했다.**
　　친구에게 은혜를 **입었다.** (○)
　　친구에게 은혜를 **당했다.** (×)

다르게 써요!

당하다는 원치 않거나 부당한 일을 겪은 경우에 쓰며, 좋은 일을 겪은 경우에는 쓰지 않아요. **입다**는 나쁜 일뿐 아니라 좋은 일을 겪은 경우에도 쓰며, 부당한 일을 당한 때는 쓰지 않아요.

닻/돛 명사

닻은 '배를 한곳에 멈추어 있게 하기 위하여 줄에 매어 물 밑바닥으로 가라앉히는, 갈고리가 달린 기구'로 갈고리가 흙바닥에 박히어 배가 움직이지 못하게 합니다.

돛은 '배 바닥에 세운 기둥에 매어 펴 올리고 내리고 할 수 있도록 만든 넓은 천'으로 바람을 받아 배를 가게 해요.

예 긴 항해를 끝내고 항구에 닿자 **닻**을 내렸다.

(속담) 순풍에 **돛**을 달다.
- 배가 갈 방향으로 돛을 다니 배가 빨리 달린다는 뜻으로, 일이 뜻한 바대로 순조로이 진행됨을 비유적으로 이르는 말.

대다/데다 동사

대다는 '정해진 시간에 닿거나 맞추다', '어떤 것을 목표로 삼거나 향하다', '무엇을 어디에 닿게 하다'라는 뜻이에요.
데다는 '불이나 뜨거운 기운으로 말미암아 살이 상하다. 또는 그렇게 하다', '몹시 놀라거나 심한 괴로움을 겪어 진저리가 나다' 등의 뜻이 있어요.

예 출발 시간에 **대도록** 어서 서두르자.
용의자는 억울해하며 하늘에 **대고** 하소연했다.
뜨거운 냄비에 **데어** 흉터가 남았다.
(관용구) **덴** 가슴.
▸ 어떤 일에 한번 몹시 혼난 일이 있는 사람이 걸핏하면 병적으로 가슴을 두근거리며 겁냄을 비유적으로 이르는 말.

대변/똥 명사

대변은 '똥'의 완곡한 표현으로 사람과 관련이 있을 때만 쓰여요.
똥은 '사람이나 동물이 먹은 음식물을 삭이고 똥구멍으로 내보내는 찌꺼기'를 나타내는 말이에요.
사람의 똥을 점잖게 표현할 때 '대변'이라고 해요.

예 방금 **대변**을 보러 갔어요.
　토끼의 **똥**은 콩알처럼 동그랗다.
　(속담) **똥**이 무서워 피하나 더러워 피하지.
　　▶ 악하거나 같잖은 사람을 상대하지 아니하고 피하는 것은 그가 무서워서가 아니라 상대할 가치가 없어서 피하는 것이라는 말.

더께/더껑이 명사

더께는 '몹시 찌든 물건에 앉은 거친 때', '겹으로 쌓이거나 붙은 것. 또는 겹이 되게 덧붙은 것'이라는 뜻이에요.
더껑이는 '걸쭉한 액체의 거죽에 엉겨 굳거나 말라서 생긴 꺼풀'이라는 뜻이지요.
더께는 좀 더 넓은 범위에 쓰이며, 더껑이는 대상이 걸쭉한 액체로 한정되어 있다는 점이 다릅니다.

예) 같은 옷을 일주일 동안 입었더니 소맷부리에 **더께**가 앉았다.
팥죽 **더껑이**는 고소하고 맛이 있다.

-던지/-든지 어미

-**던지**는 지나간 일을 나타내는 '더'에 'ㅡㄴ지'가 붙은 형태로, '막연한 의문이 있는 채로 그것을 뒤이어 올 절의 사실이나 판단과 관련시키는 데 쓰는 연결 어미'예요.

-**든지**는 '나열된 동작이나 상태, 대상들 중에서 어느 것이든 선택될 수 있음'을 나타내는 연결 어미예요. 또 '어느 것이 선택되어도 차이가 없는 둘 이상의 일을 나열함'을 나타내는 보조사이기도 하지요.

회상과 관련이 되는 내용에는 '-던지'를 쓰고, 선택과 관련이 있는 내용에는 '-든지'를 써야 해요.

예 밖이 얼마나 춥**던지** 아랫목이 그리웠다.
　　가**든지** 말**든지** 하고 싶은 대로 해라.

궁금해요! 문법 용어

보조사는 체언, 부사, 활용 어미 따위에 붙어서 어떤 특별한 의미를 더해 주는 조사로, '은', '는', '도', '만', '까지', '마저', '조차', '부터' 등이 있어요. 보조사에 의해 말의 내용이 좀 더 섬세해지므로 쓰임에 유의해야 한답니다. 친구를 생일에 초대할 때, '너도 와'와 '너는 와', '너만 와' 등은 모두 오라는 것을 뜻하지만 말하는 사람의 심리가 조금씩 다르지요. 이것은 보조사를 다르게 썼기 때문이에요.

덥다/덮다 형용사/동사

덥다는 '기온이 높거나 기타의 이유로 몸에 느끼는 기운이 뜨겁다', '사물의 온도가 높다'의 뜻이 있어요.

덮다는 '물건 따위가 드러나거나 보이지 않도록 넓은 천 따위를 얹어서 씌우다', '그릇 같은 것의 아가리를 뚜껑 따위로 막다', '일정한 범위나 공간을 빈틈없이 휩싸다'의 뜻이 있어요. 'ㅂ'과 'ㅍ'은 같은 계열의 유사한 자음이라 헷갈리기 쉬우므로 가려 써야 해요.

예 아프리카 사막 지역의 기후는 매우 **덥고** 건조하다.
  엄마한테 혼이 난 누나는 이불을 머리까지 **덮고** 울었다.

덩어리/덩이 명사

덩어리는 '크게 뭉쳐서 이루어진 것', '부피가 큰 것이나 크게 뭉쳐서 이루어진 것을 세는 단위'를 가리켜요.
덩이는 '작게 뭉쳐서 이루어진 것', '작게 뭉쳐서 이루어진 것을 세는 단위', '그러한 성질을 가지거나 그런 일을 일으키는 사람이나 사물을 나타내는 말'을 가리키지요.
크기에 따라 '덩어리' 혹은 '덩이'를 쓰면 됩니다.

예) 나는 진흙 **덩어리**에 걸려 넘어졌다.
주먹밥 한 **덩이**로 하루 종일 버텼다.

덮이다/덮치다 동사

덮이다는 '물건 따위가 드러나거나 보이지 않도록 넓은 천 따위를 얹어서 씌우다', '그릇 같은 것의 아가리를 뚜껑 따위로 막다', '일정한 범위나 공간을 빈틈없이 휩싸다' 등의 뜻이 있어요.

덮치다는 '좋지 아니한 여러 가지 일이 한꺼번에 닥쳐오다', '들이닥쳐 위에서 내리누르다', '무엇을 잡아내려고 휩싸서 들이닥치다' 등의 뜻이 있어요. '덮치다'는 부정적인 상황에 어울리는 낱말이에요.

예 밥상은 예쁜 상보로 **덮여** 있었다.
   가로수가 쓰러지면서 행인을 **덮쳤다.**

도랑/두렁 명사

도랑은 '폭이 좁은 작은 개울'을 가리켜요.

두렁은 '논이나 밭의 가장자리로 작게 쌓은 둑이나 언덕'인 '두둑'과 같은 뜻이에요.

예 (속담) **도랑** 치고 가재 잡는다.
  ○ 한 가지 일로 두 가지 이익을 봄을 비유적으로 이르는 말.

(속담) **두렁**에 누운 소.
  ○ 편하여 팔자가 좋다는 말.

두렁에 꽃이 피었어요.

밭두렁에 앉아 하모니카를 불어요.

돋구다/돋우다 동사

돋구다는 '안경의 도수 따위를 더 높게 하다'라는 뜻이에요.
돋우다는 '위로 끌어 올려 도드라지거나 높아지게 하다', '밑을 괴거나 쌓아 올려 도드라지거나 높아지게 하다', '감정이나 입맛 따위를 자극하다' 등의 뜻이 있어요.
안경과 관련된 때를 제외하고 일상생활에서는 대부분 '돋우다'가 쓰이므로 주의해야 해요.

예 시력이 더 나빠져서 안경을 **돋구어야** 한다.
괜히 나서서 화를 **돋우었다.**

동그라지다/동그래지다 동사

동그라지다는 '넘어지면서 구르다'라는 뜻이에요.
동그래지다는 '작은 것이 또렷하게 원이나 공과 모양이 같거나 비슷하게 되다'라는 뜻이에요.
그러므로 넘어졌을 때는 '동그라지다'를, 둥글게 변했을 때는 '동그래지다'로 써야 해요.

예 빙판길에 미끄러져 **동그라졌다.**
수상 소식에 놀라 눈이 **동그래졌다.**

되/돼 동사

되다는 '새로운 신분이나 지위를 가지다', '다른 것으로 바뀌거나 변하다', '어떤 때나 시기, 상태에 이르다'의 뜻이 있어요. 보통 문장에서는 '되고', '되는', '되니' 등으로 활용되어요.

돼는 '되다'에서 변하지 않는 부분인 '되'에 '-어'가 붙은 형태인 '되어'를 줄여 쓴 말이에요.

'되'와 '돼'는 소리가 같아서 헷갈리는데, '되어'로 읽어 말이 되면 '돼'를 쓰고, 그렇지 않으면 '되'를 쓰면 됩니다.

예 (속담) **되는** 집에는 가지 나무에 수박이 열린다.
  ○ 잘되어 가는 집은 하는 일마다 좋은 결과를 맺음을 비유적으로 이르는 말.
  시골은 도시보다 개발이 덜 **돼** 살기 좋다.

되돌아보다/뒤돌아보다 동사

되돌아보다는 '가던 방향에서 몸이나 얼굴을 돌려 다시 바라보다', '지나온 과정을 다시 돌아보다'의 뜻이 있어요.

뒤돌아보다는 '뒤쪽을 돌아보다', '지난 일을 돌이켜 생각해 보다'의 뜻이 있어요.

한 번 더 생각하거나 다시 볼 때는 '되돌아보다'를 쓰고, 고개를 돌려 뒤를 돌아볼 때는 '뒤돌아보다'를 씁니다.

예) 아버지는 파란만장한 자신의 인생을 **되돌아보았다.**
산마루를 넘으며 고향 마을을 **뒤돌아보았다.**

두껍다/두텁다 [형용사]

두껍다는 '두께가 보통의 정도보다 크다', '층을 이루는 사물의 높이나 집단의 규모가 보통의 정도보다 크다', '어둠이나 안개, 그늘 따위가 짙다' 등의 뜻이 있어요.

두텁다는 '신의, 믿음, 관계, 인정 따위가 굳고 깊다'는 의미예요. 구체적인 형태를 가지고 있는 물건의 두께를 나타낼 때는 '두껍다'를 쓰고, 심정적으로 굳고 깊은 것은 '두텁다'로 표현해야 해요.

예) 추워서 옷을 **두껍게** 입었다.
우리 가게는 고객층이 **두껍다**.
그와 나는 **두터운** 친분을 유지하고 있다.

두덩/둔덕 [명사]

두덩은 '우묵하게 빠진 곳 가장자리의 약간 두두룩한 곳'이라는 뜻이에요. '눈두덩'처럼 움푹 파인 곳 가장자리에 불룩하게 올라온 부분을 뜻해요.

둔덕은 '가운데가 솟아서 불룩하게 언덕이 진 곳'을 뜻하는 말이에요.

예) 비가 와서 옹달샘에 고인 물이 **두덩**을 넘어 흘러넘쳤다.
둔덕에 올라 마을을 바라보았다.

두드리다/두들기다 동사

두드리다는 '소리가 나도록 잇따라 치거나 때리다', '(속되게) 때리거나 타격을 주다', '감동을 주거나 격동시키다' 등의 뜻이 있어요.

두들기다는 '함부로 두드리다', '마구 쳐서 때리다'라는 뜻이에요. '두들기다'는 대상을 함부로 강하게 두드릴 때 쓰는 표현이에요.

예 법당에서 목탁을 **두드리는** 소리가 들려왔다.
  나는 그 녀석을 실컷 **두들겨야** 속이 풀릴 것 같다.

두째/둘째 수사

차례를 나타내는 것과 수량을 나타내는 것으로 구별하여 적던 '두째'와 '둘째'는 표준어 규정에 따라 **둘째**로만 적게 되었어요. 그러나 차례를 나타내는 말로, 앞에 다른 수가 올 때에는 받침 'ㄹ'이 탈락하여 **두째**로 적는답니다.

예 올해로 무려 서른**두째** 대회를 맞는다.
동생은 자기가 **둘째**라고 서운해 한다.

뒤집다/엎다 동사

뒤집다는 '안과 겉을 뒤바꾸다', '위가 밑으로 되고 밑이 위로 되게 하다', '일 따위의 차례나 승부를 바꾸다' 등의 뜻이 있어요.

엎다는 '물건 따위를 거꾸로 돌려 위가 밑을 향하게 하다', '그릇 따위를 부주의로 넘어뜨려 속에 든 것이 쏟아지게 하다', '제대로 있는 것을 넘어뜨리다' 등의 뜻이 있어요.

예 주머니를 **뒤집어** 먼지를 **털었다.**
그릇을 씻어 찬장에 **엎어** 놓았다.

뒤채다/뒤치다 (동사)

뒤채다는 '너무 흔하여 쓰고도 남다', '함부로 늘어놓아 발길에 툭툭 걸리다'라는 뜻이에요.
뒤치다는 '엎어진 것을 젖혀 놓거나 자빠진 것을 엎어 놓다'라는 뜻이에요.

예) 늘어놓은 장난감이 **뒤채서** 걷기가 힘들었다.
　　너무 더워서 이리저리 **뒤치다** 겨우 잠이 들었다.

뒤처지다/뒤쳐지다 (동사)

뒤처지다는 '어떤 수준이나 대열에 들지 못하고 뒤로 처지거나 남게 되다'라는 뜻이에요.
뒤쳐지다는 '물건이 뒤집혀서 젖혀지다'라는 뜻이에요.

예) 친구보다 **뒤처진** 성적을 보고 무척 실망하였다.
　　줄에 널어놓은 이불이 바람에 **뒤쳐졌다**.

드러내다/들어내다 [동사]

드러내다는 '가려 있거나 보이지 않던 것이 보이게 되다', '알려지지 않은 사실이 널리 밝혀지다'의 뜻이 있어요.

들어내다는 '물건을 들어서 밖으로 옮기다', '사람을 있는 자리에서 쫓아내다'라는 뜻이에요.

예) 많은 여배우들이 어깨를 **드러내는** 드레스를 입었다.
고등어의 배를 가르고 내장을 **들어냈다.**

드리다/들이다 동사

드리다는 '주다'의 높임말이기도 하고, '윗사람에게 그 사람을 높여 말이나 인사, 결의, 축하 따위를 하다', '신에게 비는 일을 하다' 등의 뜻이 있어요.
들이다는 '밖에서 속이나 안으로 향해 가거나 오거나 하다', '빛, 볕, 물 따위가 안으로 들어오다', '방이나 집 따위에 있거나 거처를 정해 머무르게 되다'의 뜻이 있는 '들다'의 사동사예요.

예 할머니께 선물을 **드렸다.**
부모님께 아침 인사를 **드린다.**
정성을 모아 하늘에 기도를 **드리자.**
엄마는 외출하면서 아무도 집 안으로 **들이지** 말라고 하셨다.

드새다/드세다 동사/형용사

드새다는 '길을 가다가 쉴 만한 곳에 들어가 밤을 지내다'라는 뜻이에요.
드세다는 '힘이나 기세가 몹시 강하고 사납다', '어떤 일 따위가 견디기에 힘들 정도로 거칠고 세차다', '집터를 지키는 귀신이 사납다' 등의 뜻이 있어요.
뜻이 전혀 다른 낱말이므로 유의해서 써야 해요.

예 산에서 길을 잃어 빈집에서 하룻밤을 **드새었다.**
시간이 지날수록 더욱 바람이 **드세게** 불었다.

들리다/들르다 동사

들리다는 '병이 걸리다', '귀신이나 넋 따위가 덮치다'라는 뜻이에요. '듣다'의 피동사로 '귀로 소리를 느끼다'의 뜻도 있지요.
들르다는 '지나는 길에 잠깐 들어가 머무르다'는 뜻이에요.

예 남자는 귀신에 **들린** 사람처럼 헛소리를 했다.
    이따 집에 가는 길에 **들릴게.** (×)
    이따 집에 가는 길에 **들를게.** (○)

들추다/들치다 동사

들추다는 '속이 드러나게 들어 올리다', '무엇을 찾으려고 자꾸 뒤지다', '숨은 일, 지난 일, 잊은 일 따위를 끄집어내어 드러나게 하다' 등의 뜻이 있어요. 대상이 드러나도록 하는 데 목적이 있어요.

들치다는 '물건의 한쪽 끝을 쳐들다'는 뜻이에요.

'들추다'와 '들치다'는 소리가 비슷하고 의미도 유사해서 잘못 쓰기 쉬우므로 잘 알고 써야 해요.

예 냇가에서 돌을 **들추어** 가재를 잡았어요.
천막을 **들치고** 안으로 들어왔다.

등살/등쌀 명사

등살은 '등에 붙은 근육'이라는 뜻이에요.
등쌀은 '몹시 귀찮게 굴고 야단을 부리는 것'을 가리키는 말이에요.
의미는 전혀 다른 별개의 낱말인데 소리가 같아서 잘못 쓰기 쉬우므로 유의해야 해요.

예 무서운 영화를 보니 **등살**에 소름이 돋았다.
　　건달들 **등쌀** 때문에 장사를 제대로 못한다.

때깔/빛깔 명사

때깔은 '눈에 선뜻 드러나 비치는 맵시나 빛깔'이라는 뜻이에요.
빛깔은 '물체가 빛을 받을 때 빛의 파장에 따라 그 거죽에 나타나는 특유한 빛'을 가리켜요.

예) 새로 맞춘 한복의 **때깔**이 고왔다.
먹음직스러운 **빛깔**을 띠고 있지만 맛은 없었다.

다르게 써요!

빛깔은 색깔과 동의어로 모든 물체에 대해 사용할 수 있는 반면에 **때깔**은 주로 물건이나 옷 따위를 대상으로 하며, 색깔만을 얘기하는 것이 아니라 전체적인 모양이나 맵시 따위를 통틀어서 이르는 말이에요.

떠들썩하다/시끌벅적하다/야단법석

형용사/형용사/명사

떠들썩하다는 '여러 사람이 큰 소리로 시끄럽게 마구 떠들다', '여러 사람이 큰 소리로 마구 떠들어 몹시 시끄럽다', '소문이나 사건 따위로 분위기가 수선스럽다' 등의 뜻이 있어요.

시끌벅적하다는 '많은 사람들이 어수선하게 움직이며 떠들어 시끄럽다'는 뜻이지요.

야단법석은 '많은 사람이 모여들어 떠들썩하고 부산스럽게 구는 상태'를 의미해요.

모두 시끄럽고 소란스런 상태를 뜻하지만, '떠들썩하다'는 사람에 의한 것이어야 하고 움직임은 포함되지 않아요. '시끌벅적하다'는 사람에 의한 것이 아닐 수도 있고, 움직임이 포함됩니다. 반면 '야단법석'은 사람에 의한 것이며 움직임이 포함되어 있어요.

예 손님들로 연회장 안이 **떠들썩하다**.
시장 거리는 과거의 **시끌벅적함**이 자취를 감추었다.
아이들은 저마다 선물을 받고는 좋아서 **야단법석**이었다.

때문/탓/덕분 명사

때문은 '어떤 일의 원인이나 까닭'이라는 뜻이 있어요.
탓은 '주로 부정적인 현상이 생겨난 까닭이나 원인', '구실이나 핑계로 삼아 원망하거나 나무라는 일'이라는 뜻이지요.
덕분은 '베풀어 준 은혜나 도움'을 뜻하는 말로 주로 '덕분에', '덕분으로', '덕분이다'의 형태로 써요.
'덕분'은 긍정적인 의사를 표시하는 문장에 쓰고, '때문'은 부정적인 내용과 긍정적인 내용 모두에 쓸 수 있어요. '탓'은 주로 부정적인 상황에서 쓰는 말이에요.

예) 선생님 **덕분**에 학교생활을 무사히 마쳤습니다.
　　너 **때문**에 내가 활짝 웃는다. (긍정)
　　너 **때문**에 내가 얼마나 힘들었는지 아니? (부정)
　　내가 시험을 못 친 건 네 **탓**이야.

떠받다/떠받들다 동사

떠받다는 '머리나 뿔로 세게 밀어 부딪치다', '쓰러지거나 주저앉지 않도록 밑에서 받치다' 등의 뜻이 있어요.
떠받들다는 '밑을 받치어 번쩍 들어 위로 올리다', '공경하여 섬기거나 잘 위하다', '소중하게 다루다' 등의 뜻이 있어요.
'받다'와 '받들다'에 똑같이 접두사 '떠-'가 결합되어 있지만 다른 뜻이에요.

예 소가 **떠받아** 동생이 심하게 다쳤다.
　　아이들을 오냐오냐 하며 **떠받들어** 주었더니 버릇이 없다.

떨다/털다 동사

떨다는 '달려 있거나 붙어 있는 것을 쳐서 떼어 내다', '돈이나 물건을 있는 대로 써서 없애다', '언짢은 생각 따위를 없애다' 등의 뜻이 있어요.

털다는 '달려 있는 것, 붙어 있는 것 따위가 떨어지게 흔들거나 치거나 하다', '자기가 가지고 있는 것을 남김없이 내다', '남이 가진 재물을 몽땅 빼앗거나 그것이 보관된 장소를 모조리 뒤지어 훔치다', '일, 감정 따위를 극복하다' 등의 뜻이 있지요.

두 낱말은 아주 유사한 뜻이 있으나 대상이 먼지나 담뱃재일 때는 '떨다'를 쓰고, 옷이나 담뱃대일 때는 '털다'를 써야 해요. 그래서 '담뱃재를 받는 그릇'은 '재떨이'라고 합니다.

예 청소를 끝내고 옷의 먼지를 **떨었다**.

할아버지는 곰방대를 **털며** 이야기를 시작했다.

떼다/띄다/띄우다 동사

떼다는 '붙어 있거나 잇닿은 것을 떨어지게 하다', '전체에서 한 부분을 덜어내다', '어떤 것에서 마음이 돌아서다'의 뜻이 있어요.

띄다는 '뜨이다'의 준말로 '닫친 귀의 상태가 열리어 무언가를 듣다', '눈에 보이다', '구분을 위해 공간적으로 거리를 두다' 등 의미가 다양해요.

띄우다는 '편지나 소포 따위를 부치거나 전하여 줄 사람을 보내다', '물속이나 지면 따위에서 가라앉거나 내려앉지 않고 물 위나 공중에 있거나 위쪽으로 솟아오르게 하다', '누룩이나 메주 따위가 발효하게 하다', '병 따위로 얼굴빛이 누르고 살갗이 부은 것처럼 되다' 등 다양한 뜻이 있어요.

예 사이를 **떼어** 놓다.
우리나라는 눈에 **띄는** 경제 성장을 보였다.
새해에는 선생님께 연하장을 **띄워야**겠다.

뜨개질/뜯게질　명사

뜨개질은 '옷이나 장갑 따위를 실이나 털실로 떠서 만드는 일'을 의미해요.
뜯게질은 '해지고 낡아서 입지 못하게 된 옷이나 빨래할 옷의 솔기를 뜯어내는 일'을 말해요.

예) 직접 **뜨개질**을 하여 만든 목도리라 더욱 따뜻하게 느껴진다.
　　헌옷을 재활용하려고 **뜯게질**을 해 두었다.

뜨이다/트이다 동사

뜨이다의 의미는 다양한데, '트이다'와 연관된 의미는 '닫친 귀의 상태가 열리어 무언가를 듣는다'예요. 즉 '처음으로 청각을 느끼다'의 뜻이지요. 준말은 '띄다'예요. 그래서 '눈치로 알아차릴 수 있도록 미리 말해 슬쩍 일깨워 주는 것'을 일컫는 '귀띔'이 바로 '띄다'에서 온 말입니다.

트이다는 '거치적거리거나 거리끼는 것이 없어지다', '마음이나 생각이 환히 열리다', '막혔던 것이 통하다' 등의 뜻이 있어요. 즉 귀와는 별로 관계가 없는 말이므로 '뜨이다'와 구별하여 써야 해요.

예) 용돈을 준다는 소리에 귀가 번쩍 **뜨였다**.
산길을 지나자 앞이 확 **트인** 길이 나왔다.

띄다/띠다 동사

띄다는 '눈에 보이다'라는 뜻인 '뜨이다'의 준말이며, '사이를 뜨게 하다'의 뜻인 '띄우다'의 준말이기도 해요.

띠다는 '띠나 끈 따위를 두르다', '물건을 몸에 지니다', '용무나 직책, 사명 따위를 지니다', '빛깔이나 색체 따위를 가지다', '감정이나 기운 따위를 나타내다' 등의 뜻이 있어요.

예 눈에 **띄게** 키가 큰 친구
다음 문장을 맞춤법에 맞게 **띄어** 쓰세요.
치마가 흘러내리지 않게 허리에 띠를 **띠었다.**
추천서를 **띠고** 회사를 찾아가라.
그는 중요한 임무를 **띠고** 외국으로 갔다.
미소 **띤** 얼굴이 예쁘다.

-ㄹ걸/-ㄹ 걸 어미/명사+조사

-ㄹ걸은 혼잣말에 쓰여, 말하는 사람의 추측이 상대의 기대와 다름을 나타내거나, 하지 않은 일에 대한 후회나 아쉬움을 나타내는 말로 반드시 동사나 형용사 뒤에 붙어서 쓰여요.

-ㄹ 걸에서 '걸'은 '것'에 '을'이 합쳐진 형태예요. '먹을 걸 다오'처럼 앞에 나온 동사가 가리키는 대상을 나타내는 말이에요.

이 두 말은 띄어쓰기에 조심해야 하는데, '걸'이 들어갈 자리에 '것을'을 넣어 자연스러우면 띄어 쓰고, 그렇지 않으면 붙여 쓰면 됩니다.

예 숙제를 미리 해 **둘걸**.
　　손님에게 마실 **걸** 내왔다.

공부 좀 미리 해 둘걸.

냉장고에서 마실 걸 꺼내 먹어요.

-러/-려 어미

-**러**는 가거나 오거나 하는 동작의 목적을 나타내는 말로, 반드시 받침이 없는 동사 앞말에 붙여 써요. 예를 들어 '나물 캐러 가자'처럼 동사 '캐다' 뒤에 '러'가 붙어 동작의 목적을 나타내는 역할을 해요.

-**려**는 '어떤 행동을 할 의도나 욕망을 가지고 있음을 나타내는 말' 또는 '곧 일어날 움직임이나 상태가 변화를 나타내는 말'이에요. 이 역시 '일찍 떠나려 한다', '비가 오려 한다'처럼 반드시 동사의 앞말에 붙여 써요.

두 말의 쓰임이 헷갈릴 때에는 뒤에 '-고'를 붙여 보아서 자연스러우면 '-려'를 쓰고, 부자연스러우면 '-러'를 쓰면 돼요.

예 친구네 집에 공부하**러** 가는 길이다.
집으로 돌아가는 길에 비가 쏟아지**려**(고) 했다.

-로서/-로써 조사

-**로서**는 지위나 신분 또는 자격을 나타내는 조사예요. 또는 어떤 동작이 일어나거나 시작되는 곳을 나타내는 조사이기도 해요.

-**로써**는 어떤 물건의 재료나 원료, 일의 수단이나 도구, 시간을 셈할 때 셈에 넣는 한계를 나타내거나 어떤 일의 기준이 되는 시간임을 나타내는 조사예요.

두 말 모두 조사이기 때문에 반드시 앞에 오는 명사나 대명사에 붙여서 써야 해요.

예 학생으**로서** 할 일이 아니다. (지위나 신분, 자격)
이 문제는 너**로서** 시작되었다. (동작의 시작)
콩으**로써** 메주를 쑤다. (재료나 원료)
꿀**로써** 단맛을 낸다. (수단이나 도구)
고향을 떠난 지 올해**로써** 20년이 되었다. (시간의 기준)

마는/만은 조사

마는은 앞의 사실을 인정하면서도 그에 대한 의문이나 그와 어긋나는 상황을 나타내는 조사예요.

만은은 명사, 대명사, 수사 뒤에 붙어서 어떤 것을 다른 것과 대조적으로 매우 한정하여 강조하는 뜻을 나타내는 조사예요.

예 장난감을 사고 싶다**마는** 돈이 없어.
　　친구들과 놀고 싶지**마는** 시간이 없어.
　　다른 사람은 몰라도 너**만은** 내가 믿는다.
　　어젯밤에 눈이 내린 것**만은** 분명하다.

마라/말라 동사

마라는 '어떤 일이나 행동을 하지 않거나 그만두다'의 뜻인 동사 '말다'의 활용형으로, 구어체나 직접 인용에 쓰이는 명령형이에요.
말라는 역시 같은 뜻이 있는 동사의 명령형인데 문어체나 간접 인용에 쓰인다는 점이 달라요.

예 '가지 **마라**'고 소리치는 남자를 뿌리치고 여자는 떠났다.
남자는 제발 가지 **말라**고 사정했다.

마치/마침 부사

마치는 '거의 비슷하게'라는 뜻으로 한자어 '흡사(恰似)'와 동의어예요.
마침은 '꼭, 알맞게, 우연히 공교롭게, 그때가 바로'라는 뜻이에요.

예 반장은 **마치** 자기가 담임 선생님인 듯이 아이들을 대했다.
급히 떠나야 하는데 **마침** 배가 있었다.

마치/망치/장도리 [명사]

일상생활에 필요한 도구 중 이름이 비슷하여 혼동하는 낱말이 있어요.
마치는 '못을 박거나 무엇을 두드리는 데 쓰는 연장'을 의미해요.
망치는 '단단한 물건이나 불에 달군 쇠를 두드리는 데 쓰는, 쇠로 만든 연장'이에요. 모양은 마치와 비슷하나 훨씬 크고 무거우며 자루도 길어요.
장도리는 '한쪽은 뭉뚝하여 못을 박는 데 쓰고, 다른 한쪽은 넓적하고 둘로 갈라져 있어 못을 빼는 데 쓰는 연장'을 가리켜요. 그래서 '노루발장도리'라고도 하지요.

예) 못을 박게 **마치** 좀 가져오너라.
낡은 벽을 **망치**로 쳐서 허물었다.
장도리로 못을 박기도 하고 빼기도 한다.

만들다/짓다 동사

만들다는 '노력이나 기술 따위를 들여 목적하는 사물을 이루다', '책을 저술하거나 편찬하다', '새로운 상태를 이루어 내다' 등 다양한 뜻이 있어요.
짓다는 '재료를 들여 밥, 옷, 집 따위를 만들다', '여러 가지 재료를 섞어 약을 만들다', '시, 소설, 편지, 노래 가사 따위와 같은 글을 쓰다' 등의 뜻이 있어요.

예 출판사에서 책 **만드는** 일을 하고 있어. (○)
출판사에서 책 **짓는** 일을 하고 있어. (×)
오늘은 약국에서 약을 꼭 **지어** 오너라. (○)
오늘은 약국에서 약을 꼭 **만들어** 오너라. (×)

만날/맨날 부사

만날은 '매일같이 계속하여서'의 뜻이 있어요. 이 말은 한자어 '만(萬)'에 우리말 '날'이 합쳐진 형태예요.
만날과 혼동되는 말로 맨날이 있어요. 두 말은 뜻이 같은 말입니다.
원래는 '만날'만 표준어이고 '맨날'은 잘못된 표현이었는데, 많은 사람들이 '만날'보다는 '맨날'을 더 많이 사용하자 이제 두 낱말 모두 표준어로 인정하고 있지요. 이렇게 뜻이 같은 두 낱말을 모두 표준어로 인정하는 것을 '복수표준어'라고 해요. 이제 '만날'과 '맨날'은 고민하지 말고 아무 말이나 써도 돼요.

예 너는 **만날** 놀기만 하니?
시장에는 **맨날** 사람들이 많다.

망가지다/부서지다 (동사)

망가지다는 '부서지거나 찌그러져 못 쓰게 되다', '상황이나 상태 따위가 좋지 아니하게 되다' 등의 뜻이 있어요.

부서지다는 '단단한 물체가 깨어져 여러 조각이 나다', '액체나 빛 따위가 세게 부딪쳐 산산이 흩어지다', '목재 따위를 짜서 만든 물건이 제대로 쓸 수 없게 헐어지거나 깨어지다' 등의 뜻이 있습니다.

예 바람이 불어 머리 모양이 **망가졌다.**

(속담) **부서진** 갓모자가 되었다.
　➡ 남에게 꾸지람을 듣고 무안을 당하였음을 비유적으로 이르는 말.

다르게 써요!

망가지다는 주로 기능이 손상되었을 때 사용하며 단단한 물건이든 단단하지 않은 물건이든 모두 쓸 수 있어요. **부서지다**는 주로 겉모양이 상했을 때 쓴답니다.

맞는/알맞은 동사/형용사

맞는은 '문제에 대한 답이 틀리지 아니하다', '말, 육감, 사실 따위가 틀림이 없다', '그렇다 또는 옳다의 뜻을 나타내는 말'의 뜻이 있어요.
알맞은은 '일정한 기준, 조건, 정도 따위에 넘치거나 모자라지 아니한 데가 있다'라는 뜻의 형용사예요.
즉 '맞는'은 '옳다'의 의미로, '알맞은'은 '적당하다'의 의미로 사용하면 돼요.

예 엄마는 항상 **맞는** 말씀만 하신다.
　　키에 **알맞게** 의자 높이를 조절해라.

맞다/옳다 동사/형용사

맞다는 '문제에 대한 답이 틀리지 아니하다', '말, 육감, 사실 따위가 틀림이 없다', '그렇다 또는 옳다의 뜻을 나타내는 말'이에요.
옳다는 '사리에 맞고 바르다', '격식에 맞아 탓하거나 흠잡을 데가 없다'는 뜻이에요.

예 비가 올 것이라던 네 말이 **맞았다.**
사람은 **옳게** 살아야 한다.

맞추다/맞히다 동사

맞추다는 '서로 떨어져 있는 부분을 제자리에 맞게 대어 붙이다', '둘 이상의 일정한 대상을 나란히 놓고 비교하여 살피다', '서로 어긋남 없이 조화를 이루다' 등의 뜻이 있어요.

맞히다는 '문제에 대한 답이 틀리지 않다', '쏘거나 던진 물체가 어떤 것에 닿다', '눈이나 비 따위에 닿게 하다' 등의 뜻이 있어요.

두 말은 소리와 형태가 비슷하지만 쓰임이 달라 유의해서 사용해야 해요.

예 흩어진 퍼즐 조각을 **맞추기** 어렵다.

시험이 끝나고 친구와 정답을 서로 **맞추어** 보았다.

친구들과 의견을 **맞추려고** 노력했다.

수학 문제를 **맞혔다.**

화살을 과녁에 정확히 **맞혔다.**

화분에 비를 **맞히지** 마라.

매기다/먹이다/메기다 동사

매기다는 '일정한 기준에 따라 사물의 값이나 등수 따위를 정하다', '일정한 숫자나 표식을 적어 넣다' 등의 뜻이 있어요.
먹이다는 '음식 따위를 입을 통하여 배 속에 들여보내다'의 뜻인 '먹다'의 사동사예요.
메기다는 '두 편이 노래를 주고받고 할 때 한편이 먼저 부르다', '화살을 시위에 물리다' 등의 뜻이 있어요.

예) 응모 작품에 점수를 **매겨** 두었다.
　　감기 걸린 아기에게 약을 **먹였다.**
　　메기고 받는 노랫소리가 흥겨웠다.

매다/묶다 동사

매다는 '끈이나 줄 따위의 두 끝을 엇걸고 잡아당기어 풀어지지 아니하게 마디를 만들다', '끈이나 줄 따위로 꿰매거나 동이거나 하여 무엇을 만들다' 등의 뜻이 있어요.

묶다는 '끈, 줄 따위를 매듭으로 만들다', '법령 따위로 금지하거나 제한하다', '사람이나 물건을 기둥, 나무 따위에 붙들어 매다' 등의 뜻이 있어요. '묶다'는 주로 끈 따위로 움직이지 못하게 하거나 한데 있게 하는 사물을 대상으로 해요.

📕 예) 신발 끈을 단단히 **매고** 대회에 나갔다.
자꾸 쓰러져서 기둥에 **묶어** 두었다.

매다/메다 _{동사}

매다는 '풀리지 않게 묶다', '끈이나 줄 따위로 꿰매거나 동이거나 하여 무엇을 만들다' 또는 '논이나 밭의 잡풀을 뽑다' 등의 뜻이 있어요.
메다는 '어깨에 걸치거나 올려놓다', '어떤 감정이 북받쳐 목소리가 잘 나지 않다' 등의 뜻이 있어요.
두 말은 형태가 비슷하지만 뜻이 완전히 다르므로 잘 구분해서 써야 해요.

예 한복을 입을 때는 옷고름을 단단히 **매어야** 한다.
해가 뜨자마자 밭에 김을 **매러** 갔다.
가방을 **메고** 학교에 갔다.
너무 기뻐서 목이 **메었다**.

매무새/매무시   명사

매무새는 '옷, 머리 따위를 수습하여 입거나 손질한 모양새'를 뜻해요.
매무시는 '옷을 입을 때 매만지는 뒷단속'이라는 뜻이지요.
'매무새'는 옷을 입은 모양새를 가리키고, '매무시'는 옷 입은 것이 잘못된 데가 없는지 살펴보는 일입니다.

예 어머니는 **매무새**가 늘 단정하다.
　 점심 식사 후에 손을 씻고 나서 **매무시**를 다시 하였다.

맨/민 [부사/접사]

맨은 '다른 것이 없는'이라는 뜻을 나타내는 말이에요.
민은 '꾸미거나 딸린 것이 없다'는 뜻을 더하는 접두사예요. 예를 들어 민가락지, 민얼굴, 민저고리 등이 있어요. 또한 '그것이 없음' 또는 '그것이 없는 것'의 뜻을 더하기도 해요. 예를 들어 민꽃, 민무늬, 민소매 등이 있어요. 꾸밈이 없어 소박하거나 아예 없음을 나타낼 때 씁니다.
여기에서 '맨'과 '민'은 모두 다른 낱말의 앞에 붙어서 새로운 낱말을 만드는 역할을 해요.

예 모래밭에서 **맨**발로 걸었다.
글자가 너무 작아서 **맨**눈으로 보기 어렵다.
대학생인 언니는 **민**얼굴로는 밖에 나가지 않는다.
꽃을 피우지 않는 식물을 **민**꽃식물이라고 한다.

맵싸하다/맵자하다/맵짜다 　형용사

맵싸하다는 '맵고 싸하다'는 뜻으로 '맵고 아린 느낌'을 나타내는 표현이에요.
맵자하다는 '모양이 제격에 어울려서 맞다'는 뜻이지요.
맵짜다는 '음식의 맛이 맵고 짜다', '바람 따위가 매섭게 사납다', '성미가 사납고 독하다' 등의 뜻이 있어요.

예) 찌개가 **맵싸하고** 얼큰하다.
　　맵자한 옷차림으로 가거라.
　　이 음식점의 반찬은 모두 **맵짜군**.

머지않아/멀지 않아 형용사

머지않아는 '시간적으로 멀지 않다', '오래지 아니하여'의 뜻이 있는 형용사 '머지않다'의 활용형이에요.
멀지 않아는 '멀다'와 '않다'가 결합하여 이루어진 것으로 '(공간적으로) 떨어지지 않고'의 뜻이 있어요.
시간과 관련이 있을 때는 '머지않아'를 쓰고, 공간과 관계가 있을 때는 '멀지 않아'를 써요.

예) 이 땅에도 **머지않아** 봄이 올 것이다.
　　친정이 **멀지 않아** 좋은 점이 많다.

먹먹하다/멍멍하다 형용사

먹먹하다는 '갑자기 귀가 막힌 듯이 소리가 잘 들리지 않다', '체한 것같이 가슴이 답답하다'라는 뜻이에요.
멍멍하다는 '정신이 빠진 것같이 어리벙벙하다'라는 뜻이지요.
'먹먹하다'는 무언가 막힌 상태의 느낌, '멍멍하다'는 무언가 빠져나간 상태의 느낌이에요.

예) 폭죽 소리에 귀가 **먹먹했다**.
　　한동안 **멍멍한** 상태로 지냈다.

먼저/빨리/일찍 명사·부사/부사/부사

먼저는 명사로 쓰일 때는 '시간적으로나 순서상으로 앞선 때'의 의미이고, 부사로 쓰일 때는 '시간적으로나 순서상으로 앞서서'의 뜻이에요. 둘 이상의 대상이나 일이 있을 경우, '순서상 더 앞에'를 뜻하지요.

빨리는 '걸리는 시간이 짧게'라는 뜻이에요. 즉 사물이 움직이거나 어떤 변화나 결과가 나타나는 데 걸리는 시간이 덜 걸린다는 의미예요.

일찍은 '일정한 시간보다 이르게'라는 뜻으로 행위가 시작하거나 끝나는 시점에 초점을 두는 것이 '먼저'와 다릅니다.

예 (속담) **먼저** 먹은 놈이 임자
　　↳ 물건은 먼저 차지하는 사람의 것이라는 말.
　(속담) 나쁜 풀은 **빨리** 자란다.
　　↳ 별로 긴요하지 아니한 것이 먼저 나선다는 말.
　어제보다 1시간 **일찍** 일어났다.

멎다/자다 동사

멎다는 '사물의 움직임이나 동작이 그치다', '비나 눈 따위가 그치다', '사물의 움직임이나 동작을 그치게 하다' 등의 뜻이 있어요. 움직이다가 그만두는 행위에 초점을 두며, 그 행위 이후에는 움직임이 전혀 없어야 해요.

자다는 '생리적인 요구에 따라 눈이 감기면서 한동안 의식 활동이 쉬는 상태가 되다', '바람이나 물결 따위가 잠잠해지다', '기계가 작동하지 아니하다' 등의 뜻으로 활동을 그만둔 후의 상태를 유지하는 데 초점을 두어요.

예 며칠 동안 내리던 비가 겨우 **멎었다.**
　　폭풍우가 지나가자 파도가 **잔다.**
　　시계가 **자서** 아침에 늦게 일어났다.

메/뫼 명사

메는 '묵직하고 둥그스름한 나무토막이나 쇠토막에 자루를 박아 무엇을 치거나 박을 때 쓰는 물건', '산을 예스럽게 이르는 말', '제사 때 신위 앞에 놓는 밥', '궁중에서, 밥을 이르던 말' 등 다양한 뜻이 있어요.
뫼는 '사람의 무덤', '산의 옛말'이라는 뜻이 있지요. 오늘날 산을 가리킬 때는 '메'을 써야 해요.

예 찰떡은 **메**로 쳐야 제맛이지.
차창 밖으로 지나가는 **메**와 들을 물끄러미 바라보았다.
제사상에 **메**를 올리고 절을 하였다.
김 상궁은 정성껏 **메**를 앉혔다.
저 산에 우리 조상의 **뫼**가 있다.

메다/지다 동사

메다는 '어깨에 걸치거나 올려놓다', '어떤 책임을 지거나 임무를 맡다'의 뜻이에요. 주로 끈이나 긴 채 따위의 부분을 어깨에 올려놓는 경우에 많이 쓰는 표현이에요.

지다는 '물건을 짊어서 등에 얹다', '무엇을 뒤쪽에 두다', '줄이나 포승 따위에 묶이다'의 뜻이 있어요. 주로 물건 전체가 등에 올라 있는 경우를 나타낼 때 쓰지요.

예) 무거운 배낭을 **메고** 산을 올라갔다.
    등짐을 **지고** 길을 나섰다.

맵쌀/멥쌀 명사

맵쌀은 '쪄서 약간 말린 다음, 찧어서 껍질을 벗긴 메밀'을 의미해요.
멥쌀은 '메벼를 찧은 쌀'로 메벼에서 나온 끈기가 적은 쌀을 가리켜요.
'맵쌀'은 메밀, '멥쌀'은 쌀이라는 점이 달라요.

예) 멥쌀을 **맵쌀**로 잘못 쓰는 사람이 많다.
    멥쌀로 밥을 지었더니 끈기가 없다.

며칠/몇일 [명사]

며칠은 '그달의 몇째 되는 날' 또는 '몇 날'의 뜻으로 쓰여요. 그런데 흔히 사람들은 '몇 번째 날'의 뜻으로 '몇 일'을 쓰는 경우가 많아요. 한글맞춤법에 따르면 '며칠'은 '몇+일'에서 온 말이 아니므로 '며칠'로 적어야 해요. 우리말에서 '몇일'이라고 쓰는 경우는 없어요. 그러니 헷갈리지 말고 항상 '며칠'로 적으면 됩니다. 몇일이란 말은 없어요. 꼭 기억하세요.

예) 오늘이 **며칠**이지?
며칠 동안이나 비가 내렸다.

몇/얼마 [수사·관형사/명사]

몇은 수사로 쓰일 때는 '그리 많지 않은 얼마만큼의 수를 막연하게 이르는 말', '잘 모르는 수를 물을 때 쓰는 말'이고, 관형사로 쓰일 때는 '뒤에 오는 말과 관련된, 그리 많지 않은 얼마만큼의 수를 막연하게 이르는 말'이에요.
얼마는 '잘 모르는 수량이나 정도', '정하지 아니한 수량이나 정도', '뚜렷이 밝힐 필요가 없는 비교적 적은 수량이나 값 또는 정도'의 뜻이 있는 명사예요. '몇'은 사람 수나 나이, 개수 따위에 쓰이며, '얼마'는 값이나 시간, 거리, 양, 정도 따위에 쓰이지요.

예) 이번 태풍에 집 **몇** 채가 무너지고 말았다.
시장까지 **얼마나** 더 가야 합니까?

모둠/모듬 명사

모둠은 '초·중등학교에서, 효율적인 학습을 위하여 학생들을 작은 규모로 묶은 모임'으로 주로 토의나 토론, 협동 학습을 하기 위한 구성 단위를 의미해요. 또 '한데 모이어 합치는 곳'이라는 뜻도 있어요.

모듬은 심마니들의 은어로, '산막(山幕)'을 이르는 말이에요. '산막'은 '사냥꾼이나 숯쟁이 및 약초를 캐는 사람이 임시로 쓰려고 산속에 간단히 지은 집'이에요. 즉 산삼을 캐는 것을 직업으로 삼는 사람인 심마니들이 산막을 가리켜 '모듬'이라고 부릅니다.

예 오늘 토론 수업은 지난 시간에 정해 준 **모둠**별로 진행됩니다.
오늘 안에 **모듬**까지 가려면 빨리 걸어야 한다.

더 알아봐요!

여러 가지 전을 맛깔스럽게 모아 놓은 전은 '모둠전'일까요, '모듬전'일까요? 일상생활에서 '모둠-' 또는 '모듬-' 형태의 말을 많이 써요. 그런데 어느 것이 맞는 말일까요? 표준국어대사전에서는 '모둠냄비', '모둠밥' 등의 낱말이 나옵니다. 이 말의 쓰임을 참고하여 '모둠-'의 형태로 적는 게 적절하다고 할 수 있어요. 그러니까 '모둠전', '모둠회', '모둠만두' 등으로 써야 해요.

모롱이/모퉁이 명사

모롱이는 '산모퉁이의 휘어 둘린 곳'이에요.
모퉁이는 '구부러지거나 꺾어져 돌아간 자리', '변두리나 구석진 곳', '일정한 범위의 어느 부분'이라는 뜻이에요.
즉 모롱이는 모퉁이까지 포함된 휘어진 부분 전체를 가리키고, 모퉁이는 휘거나 꺾인 부분을 가리켜요.

예 **모롱이**를 지나자 험한 길이 시작되었다.
버스에서 내려 **모퉁이** 가게를 돌면 우리 집이다.

모시다/섬기다　동사

모시다는 '웃어른이나 존경하는 이를 가까이에서 받들다', '제사 따위를 지내다' 등의 뜻이 있어요. 대상에 가까이 있어야 하며, 대상을 공경하거나 소중히 대하는 행위를 포함하고 있어요.

섬기다는 '신(神)이나 윗사람을 잘 모시어 받들다'라는 뜻으로 꼭 대상 가까이 있을 필요는 없으나 그의 가르침이나 명령 따위를 소중히 여기며 따르는 행위를 말해요.

예) 어려운 형편에도 시부모님을 **모시고** 살았다.
　　나이는 어리지만 스승으로 **섬겼다.**

모지다/모질다 형용사

모지다는 '둥글지 아니하고 모가 나다', '성격이 원만하지 못하다'라는 뜻이에요.

모질다는 '마음씨가 몹시 매섭고 독하다', '기세가 몹시 매섭고 사납다', '참고 견디기 힘든 일을 능히 배기어 낼 만큼 억세다' 등의 뜻이 있어요.

예 그는 **모진** 사람이라 적이 많았다.
   마음을 **모질게** 먹고 종아리를 때렸다.

목거리/목걸이 명사

목거리는 '목이 붓고 아픈 병'을 가리켜요.
목걸이는 '목에 거는 물건을 통틀어 이르는 말', '귀금속이나 보석 따위로 된 목에 거는 장신구'예요.
질병 이름과 장신구는 전혀 다른 의미이므로 구별해서 써야 해요.

예 오후부터 **목거리**가 심해져서 병원에 다녀왔다.
　 선물받은 진주 **목걸이**가 드레스와 잘 어울렸다.

목돈/몫 돈 명사

목돈은 뭉칫돈을 가리키는 말로 '한몫이 될 만한, 비교적 많은 돈'이란 뜻이에요. '굿할 때, 준비에 쓰라고 무당에게 먼저 주는 돈'이라는 뜻도 있어요.
몫 돈은 각자의 몫으로 주어진 돈으로 '나누어 가질 분담금'이라는 뜻으로 띄어 써야 해요.

예 푼돈 모아 **목돈** 만들기는 시간이 걸린다.
　 내 **몫 돈**이 동생의 것보다 적어서 실망했다.

몽우리/봉오리/봉우리 명사

몽우리는 '아직 피지 아니한 어린 꽃봉오리'라는 뜻으로 꽃망울을 가리켜요.

봉오리는 '망울만 맺히고 아직 피지 아니한 꽃', '희망에 가득 차고 장래가 기대되는 젊은 세대를 비유적으로 이르는 말'이라는 뜻이 있는 '꽃봉오리'의 준말이에요.

봉우리는 '산에서 뾰족하게 높이 솟은 부분'을 가리키는 '산봉우리'의 준말이에요.

예 담 밑의 개나리가 **몽우리**를 터뜨리기 시작했다.

이제 막 **봉오리**가 맺힌 할미꽃.

봉우리에 올라 내려다보는 풍경이 멋지다.

몹쓸/못 쓸   관형사/부사+동사

몹쓸은 '악독하고 고약한'이라는 뜻의 관형사예요.
못 쓸은 두 낱말이 합쳐져서 '쓸모없는'의 뜻이 있어요. 두 낱말이므로 반드시 띄어 써야 해요.

예 저 녀석은 천하에 **몹쓸** 놈이다.
나무가 모두 젖어서 땔감으로 **못 쓸** 것 같아.
거짓말을 하면 **못써.**

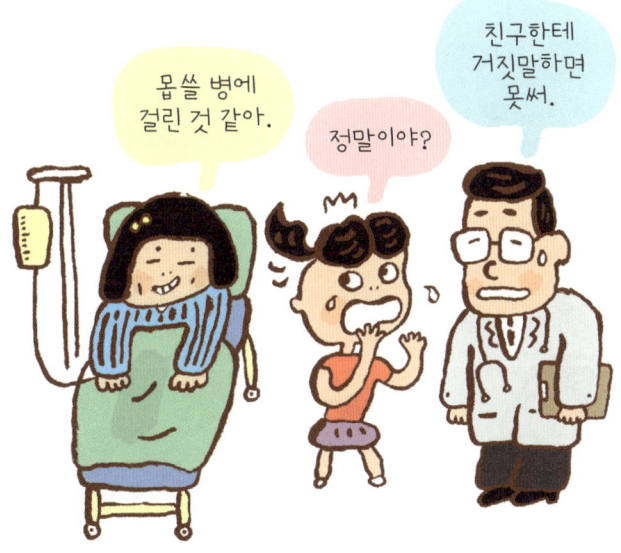

못미처/못 미쳐 명사/부사

못미처는 명사로 '거의 이르렀으나 완전히 다다르지 못한 장소', '일정한 곳까지 채 이르지 못한 거리나 지점'의 뜻이 있어요.

못 미쳐는 부정의 뜻을 나타내는 부사 '못'과 '공간적 거리나 수준 따위가 일정한 선에 닿다'의 뜻이 있는 '미치다'의 활용형인 '미쳐'가 결합된 구(句)로 '아직 다다르지 못해'라는 뜻이에요.

'못미처'는 조사 '-에'를 붙여도 말이 되지만 '못 미쳐'는 조사 '-에'를 붙이면 말이 안 되므로 구분이 어려울 때, 조사 '-에'를 붙여 보세요.

예 우리 집은 큰길 **못미처**에 있다.
   이 제품은 기준에 **못 미쳐** 다시 제작해야 한다.

몽둥이/방망이 명사

몽둥이는 '조금 굵고 기름한 막대기'로 주로 일부러 깎거나 다듬지 않은 자연 상태의 것으로, 싸움을 하거나 사람이나 가축을 때리는 데에 쓰는 물건을 가리켜요.

방망이는 '무엇을 치거나 두드리거나 다듬는 데 쓰기 위하여 둥그스름하고 길게 깎아 만든 도구'를 의미해요. 인위적으로 깎거나 다듬어 만들며, 무엇을 치거나 두드리거나 다듬는 데 쓰는 등 실용적인 용도로 사용됩니다.

예 (속담) **몽둥이** 세 개 맞아 담 안 뛰어넘을 놈 없다.
→ 사람은 누구나 매 맞는 것을 참지 못하여 급하면 달아나기 마련임을 비유적으로 이르는 말.

(속담) **방망이**로 맞고 홍두깨로 때린다.
→ 자기가 받은 것보다 더 심하게 앙갚음을 함을 비유적으로 이르는 말.

무슨/어떤 관형사

무슨은 '무엇인지 모르는 일이나 대상, 물건 따위를 물을 때 쓰는 말', '사물을 특별히 정하여 지목하지 않고 이를 때 쓰는 말', '예상 밖의 못마땅한 일을 강조할 때 쓰는 말'이에요. 잘 모르는 대상을 묻거나 사물 자체의 정체와 관련될 때 주로 사용해요.

어떤은 '사람이나 사물의 특성, 내용, 상태, 성격이 무엇인지 물을 때 쓰는 말', '주어진 여러 사물 중 대상으로 삼는 것이 무엇인지 물을 때 쓰는 말', '대상을 뚜렷이 밝히지 아니하고 이를 때 쓰는 말'이에요. '무슨'과는 달리 사물의 속성과 관련될 때 사용해요.

예 **무슨** 일로 부르신 건가요?
 어떤 사람을 좋아하세요?

무용/춤 명사

무용은 '음악에 맞추어 율동적인 동작으로 감정과 의지를 표현함. 또는 그런 예술'이라는 뜻으로 주로 전문적으로 교육을 받아서 하는 경우에 사용해요.
춤은 순우리말로 '장단에 맞추거나 흥에 겨워 팔다리와 몸을 율동적으로 움직여 뛰노는 동작'이라는 뜻이에요. 전문적인 경우를 포함해서 몸을 율동적으로 움직이는 경우라면 언제든지 쓸 수 있는 표현이지요.
그러므로 춤이 무용보다 넓은 의미로 사용됩니다.

예 체육 시간에 고전 **무용**을 배웠다.
저 가수는 노래도 잘 부르지만 **춤** 솜씨도 훌륭해.

무치다/묻히다 동사

무치다는 '나물 따위에 갖은 양념을 넣고 골고루 한데 뒤섞다'라는 뜻이에요. 묻히다는 '물건을 흙이나 다른 물건 속에 넣어 보이지 않게 쌓아 덮다'는 뜻이 있어요. 또는 '가루, 풀, 물 따위가 그보다 큰 다른 물체에 들러붙거나 흔적이 남게 되다'는 뜻이 있어요. 문맥에 따라 의미를 가려 써야 해요.

예 어머니는 콩나물을 맛있게 잘 **무친다.**

붓에 먹물을 듬뿍 **묻혀서** 글씨를 썼다.

묵다/묶다 동사

묵다는 '일정한 때를 지나서 오래된 상태가 되다', '밭이나 논 따위가 사용되지 않은 채 그대로 남다', '일정한 곳에서 나그네로 머무르다' 등 의미가 다양한 낱말이에요.

묶다는 '끈, 줄 따위를 매듭으로 만들다', '법령 따위로 금지하거나 제한하다', '사람이나 물건을 기둥, 나무 따위에 붙들어 매다' 등의 뜻이 있어요.

예) 백 년 **묵은** 여우 이야기를 듣고 잠을 설쳤다.
　　바람에 쓰러지지 않도록 볏단을 **묶어** 놓았다.

미덥다/미쁘다 형용사

미덥다는 형용사로 '믿음성이 있다'는 뜻이에요.
미쁘다는 '미덥다'와 비슷한 뜻이에요.
둘 다 믿음성이 있다는 의미지만 '미덥다'는 주로 사람 자체에 대한 종합적인 판단을 나타낼 때 쓰며, '미쁘다'는 주로 사람의 행동이나 태도에 대한 개별적인 인상을 나타낼 때 써요.

예) 그는 아들이 별로 **미덥지**가 않았다.
그의 말투는 도무지 **미쁘게** 보이지 않는다.

밉다/싫다 형용사

밉다는 '모양, 생김새, 행동거지 따위가 마음에 들지 않거나 눈에 거슬리는 느낌이나 성질이 있다'라는 뜻이 있어요. 미워하는 원인이 비교적 분명하여 원망하는 경우에 쓰여요.

싫다는 '마음에 들지 아니하다'라는 뜻으로, 싫은 원인이 '밉다'에 비하여 분명하지 않은 경우에 많이 씁니다.

예 (속담) **미운** 놈 떡 하나 더 준다.
　　➡ 미운 사람일수록 잘해 주고 감정을 쌓지 않아야 한다는 말.
　싫어하는 사람과도 잘 지내야 한다.

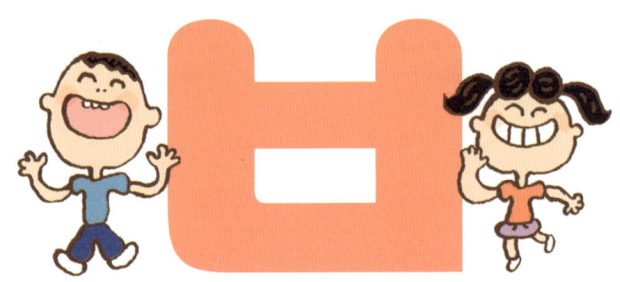

바뀌다/변하다

바뀌다는 '원래 있던 것이 없어지고 다른 것이 대신하게 되다', '원래의 내용이나 모양이 다르게 고쳐지다'라는 뜻이에요.
변하다는 '무엇이 다른 것이 되거나 다른 성질로 달라지다'라는 뜻이에요.
'바뀌다'는 변화를 일으키는 주체가 따로 있어 인위적으로 변화가 이루어지는 반면 '변하다'는 주체가 따로 없이 자연스럽게 이루어져요.

예 친구의 머리 모양이 긴 머리에서 단발머리로 **바뀌었다**.
　　얼음이 녹아서 물로 **변하였다**.

바라다/바래다 동사

바라다는 '생각이나 바람대로 어떤 일이나 상태가 이루어지거나 그렇게 되었으면 하고 생각하다', '원하는 사물을 얻거나 가졌으면 하고 생각하다', '어떤 것을 향하여 보다' 등의 뜻이 있어요.

바래다는 '볕이나 습기를 받아 색이 변하다', '볕에 쬐거나 약물을 써서 빛깔을 희게 하다' 등의 뜻이 있지요.

예 누구보다도 너의 성공을 **바란다.**
누렇게 **바랜** 벽지를 뜯어내고 새로 도배를 했다.

더 알아봐요!

'바람/바램', '바라/바래'를 잘못 쓰는 경우가 많아요. 무엇이 이루어지기를 바란다는 뜻으로 쓸 때에는 '네 **바람**대로 이루어지면 좋겠어', '원하는 것이 꼭 이루어지기를 **바라**'처럼 써야 해요.

바루다/바르다 동사/동사·형용사

바루다는 '비뚤어지거나 구부러지지 않도록 바르게 하다'라는 뜻이에요.
바르다는 '풀칠한 종이나 헝겊 따위를 다른 물건의 표면에 고루 붙이다', '껍질을 벗기어 속에 들어 있는 알맹이를 집어내다', '겉으로 보기에 비뚤어지거나 굽은 데가 없다' 등 다양한 뜻이 있는 동음이의어예요.

예 옷깃을 **바루고** 나가 인사를 드렸다.
한지를 **바른** 유리창으로 햇살이 은은하게 비쳤다.

-박이/-배기 접사

-**박이**는 '무엇이 박혀 있는 사람이나 짐승 또는 물건'이라는 뜻을 더하거나, '무엇이 박혀 있는 곳'이라는 뜻을 더하거나 또는 '한곳에 일정하게 고정되어 있다'는 뜻을 더하는 접미사예요.

-**배기**는 '그 나이를 먹은 아이'라는 뜻을 더하거나, '그것이 들어 있거나 차 있음', '그런 물건'의 뜻을 더하는 접미사예요. 예를 들어 공짜배기, 진짜배기 등이 있지요.

예 소 양지머리뼈 한복판에 붙은 기름진 고기를 차돌**박이**라고 한다.
그 아이는 고작 다섯 살**배기**인데도 어른스러웠다.

박이다/박히다 동사

박이다는 '버릇, 생각, 태도 따위가 깊이 배다', '손바닥과 발바닥 따위에 굳은살이 생기다'라는 뜻이에요.
박히다는 '어떤 모습이 머릿속이나 마음속에 인상 깊이 새겨지다', '머릿속에 어떤 사상이나 이념 따위가 깊이 자리 잡다', '두드려져 꽂히거나 깊이 넣어지거나 깊이 새겨지다'라는 뜻이에요.
두 낱말 중 '어떤 물건을 다른 물체에 꽂거나 끼우다'라는 뜻의 '박다'와 직접 혹은 비유적으로 관련이 있는 낱말은 '박히다'예요.

예 굳은살이 **박인** 어머니의 손을 보니 눈물이 났다.
떠나는 친구의 뒷모습이 마음 깊이 **박혀** 지워지지 않았다.

밖에/뿐 조사

밖에는 주로 체언 뒤에 붙어서 '그것 말고는', '그것 이외에는'의 뜻을 나타내는 조사예요. 반드시 뒤에 '없다, 않다, 모르다, 못하다'와 같은 부정을 나타내는 말이 와야 해요.

뿐은 체언이나 부사어 뒤에 붙어서 '그것만이고 더는 없음', '오직 그렇게 하거나 그러하다'라는 뜻을 나타내는 조사예요. '밖에'와 달리 긍정을 나타내는 말이 옵니다.

예 이번 일을 **해낼** 사람은 너밖에 없다.
믿을 사람은 오직 너**뿐**이다.

궁금해요! 문법 용어

체언(體言)은 문장에서 조사의 도움을 받아 주어 같은 주체의 기능을 하는 낱말을 가리켜요. 국어의 9품사 중에 명사, 대명사, 수사가 체언이 될 수 있지요. 체언은 동사나 형용사 같은 용언처럼 활용하지 않아요. 주격 조사(이/가)와 결합하면 주어가 되고, 목적격 조사(을/를)와 결합하면 목적어, 서술격 조사(이다)와 결합하면 서술어가 됩니다.

반드시/반듯이 [부사]

반드시는 '꼭, 틀림없이'라는 뜻이에요.

반듯이는 '작은 물체, 또는 생각이나 행동 따위가 비뚤어지거나 기울거나 굽지 아니하고 바르게', '생김새가 아담하고 말끔하게'라는 뜻이에요.

두 낱말이 헷갈릴 때, '반듯하게'로 대치하여 자연스러우면 '반듯이'로 쓰고 부자연스러우면 '반드시'로 쓰면 돼요.

예 약속은 **반드시** 지켜야 한다.
자세를 **반듯이** 해야 허리가 굽지 않는다.

받치다/받히다/밭치다 동사

받치다는 '먹은 것이 잘 소화되지 않고 위로 치밀다', '어떤 물건의 밑에 다른 물체를 놓거나 대다' 등의 뜻이 있어요.
받히다는 '머리나 뿔 따위로 세차게 부딪치다'라는 뜻이 있어요.
밭치다는 '건더기와 액체가 섞인 것을 체나 거르기 장치에 따라서 액체만을 따로 받아 내다'의 뜻이 있는 '밭다'를 강조하는 말이에요. 특히 '밭치다'를 써야 할 문장에서 '받치다'로 잘못 쓰는 경우가 있는데 유의해야 해요.

예 아침에 먹은 것이 자꾸 **받쳐서** 점심은 굶어야겠다.
　 마을 이장이 소에게 **받혀서** 꼼짝을 못한다.
　 체에 **밭쳐서** 건더기는 따로 버렸다.

발자국/발짝 명사

발자국은 '발로 밟은 자리에 남은 모양', '발을 한 번 떼어 놓는 걸음을 세는 단위'를 가리켜요. '발자욱'은 틀린 표현이에요.

발짝은 '발을 한 번 떼어 놓는 걸음을 세는 단위'를 나타내는 의존 명사예요.

예 새하얀 눈 위에 길게 난 **발자국**만 있다.
집이 한 발짝 한 **발짝** 가까워질수록 가슴이 두근거렸다.

밥/진지/입시/수라 명사

밥은 '쌀이나 보리 따위의 곡식을 씻어서 솥 따위의 용기에 넣고 물을 부어 끓여 익힌 음식'을 가리켜요.

'밥'은 다양한 형태로 쓰여요. 나이나 지위가 높은 사람에게는 **진지**, 하인에게는 **입시**, 제사 때는 **메**, 임금에게 올릴 때는 **수라**, 산삼을 캐는 심마니들은 **무리니**, 말을 배우는 유아들은 **맘마** 등 다양한 표현이 있으므로 상황에 맞게 적절한 낱말을 써야 해요.

예 (속담) **밥** 먹을 때는 개도 안 때린다.
- 비록 하찮은 짐승일지라도 밥을 먹을 때에는 때리지 않는다는 뜻으로, 음식을 먹고 있을 때에는 아무리 잘못한 것이 있더라도 때리거나 꾸짖지 말아야 한다는 말.

아버님, **진지** 드세요.
오늘은 일을 제대로 하지 않았으니 저녁 **입시**는 기대하지 마라.
효심이 대단한 세자는 부왕이 **수라**를 들어야 밥상에 앉았다.

밭떼기/밭뙈기 명사

밭떼기는 '밭에서 나는 작물을 밭에 나 있는 채로 몽땅 사는 일'을 가리켜요.
밭뙈기는 '얼마 안 되는 자그마한 밭'을 가리키고요.
둘 다 밭과 관련이 있지만 뜻은 달라요.

예) 그 식당은 채소를 **밭떼기**로 사기 때문에 음식 값이 싸다.
   손바닥만 한 **밭뙈기**에 농사를 지어 근근이 살아가는 형편이다.

배다/베다/비다 동사

배다는 의미가 다양한데, '스며들거나 스며 나오다', '버릇이 되어 익숙해지다', '냄새가 스며들어 오래도록 남아 있다' 등의 뜻이 있어요. 또한 '배 속에 아이나 새끼를 가지다', '식물의 줄기 속에 이삭이 생기다. 또는 이삭을 가지다', '물고기 따위의 배 속에 알이 들다. 또는 알을 가지다' 등의 뜻도 있지요.

베다는 '누울 때, 베개 따위를 머리 아래에 받치다'의 뜻과 '날이 있는 연장 따위로 무엇을 끊거나 자르거나 가르다', '날이 있는 물건으로 상처를 내다' 등의 뜻이 있어요.

비다는 두 낱말과는 뜻이 전혀 달라요. '일정한 공간에 사람, 사물 따위가 들어 있지 아니하게 되다', '손에 들거나 몸에 지닌 것이 없게 되다', '(주로 '시간'과 함께 쓰여) 할 일이 없거나 할 일을 끝내서 시간이 남다' 등의 뜻이 있어요.

예 삼겹살을 구워 먹었더니 옷에 냄새가 **뱄다**.

　　동생이 내 무릎을 **베고** 자서 움직일 수 없었다.

　　(속담) **빈** 수레가 더 요란하다.

　　○ 실속 없는 사람이 겉으로 더 떠들어 댐을 비유적으로 이르는 말.

배짱/배포 명사

배짱은 '어떻게 하겠다고 단단히 다져 먹은 속마음', '조금도 굽히지 않고 버티어 나가는 성품이나 태도' 등의 뜻이 있어요.
배포는 '궁리를 하여 일을 이리저리 조리 있게 꾀함'이라는 뜻이에요.
'배짱'은 마음가짐이 단단한 것을 이르고 '배포'는 마음가짐이 치밀함을 이르는 것이므로 구분해서 써야겠지요.

예 주장을 굽히지 않는 모습은 **배짱**이 두둑함을 보여 준다.
　　어수룩하게 보였지만 **배포**가 남달랐다.

버리다/벌이다/벌리다 (동사)

버리다는 '가지거나 지니고 있을 필요가 없는 물건을 내던지거나 쏟거나 하다', '못된 성격이나 버릇 따위를 떼어 없애다', '가정이나 고향 또는 조국 따위를 떠나 스스로 관계를 끊다' 등의 뜻이 있어요.

벌이다는 '일을 계획하여 시작하거나 펼쳐 놓다', '놀이판이나 노름판 따위를 차려 놓다', '여러 가지 물건을 늘어놓다' 등의 뜻이 있지요.

벌리다는 '둘 사이를 넓히거나 멀게 하다', '껍질 따위를 열어 젖혀서 속의 것을 드러내다', '우므러진 것을 펴지거나 열리게 하다' 등의 뜻이 있습니다.
'벌이다'와 '벌리다'는 특히 유의해서 써야 해요.

예) 어른 앞에서 말대꾸를 하는 버릇은 반드시 **버려야** 한다.

(관용구) **벌여** 놓은 굿판
→ 이미 시작한 일이라 중간에 그만둘 수 없는 처지를 이르는 말.

(관용구) **벌리나** 오므리나
→ 이렇게 하나 저렇게 하나 매한가지라는 뜻.

번번이/번번히/빈번히 부사

번번이는 '매 때마다'의 뜻이 있어요.
번번히는 '물건이 낡지 않아 제법 쓸 만하고 보기에 괜찮게', '외모가 반듯하고 예쁘장하게', '바닥이나 표면에 울퉁불퉁한 데가 없이 편편하게' 등의 뜻이 있어요.
빈번히는 '번거로울 정도로 잦게'라는 뜻이에요.

예 약속을 **번번이** 어기면 어떻게 하니?
　밭에 농작물을 심으려고 땅을 **번번히** 골랐다.
　건조한 날씨 때문에 화재가 **빈번히** 발생하고 있다.

벗겨지다/벗어지다 동사

벗겨지다는 '덮이거나 씌워진 물건이 외부의 힘에 의하여 떼어지거나 떨어지다', '사실이 밝혀져 죄나 누명 따위에서 벗어나다' 등의 뜻이 있어요. 즉 '벗겨지다'는 저절로 이루어진 것이 아니라 외부의 어떤 힘에 의해 이루어진다는 특징이 있지요.

벗어지다는 '덮이거나 씌워진 물건이 흘러내리거나 떨어져 나가다', '누명이나 죄 따위가 없어지다', '머리카락이나 몸의 털 따위가 빠지다' 등의 뜻이 있어요.

예) 발이 부었는지 신발을 잡아당겨도 잘 **벗겨지지** 않는다.
누명이 **벗어져** 다행이다.

다르게 써요!

머리를 대상으로 하여 '벗겨지다'와 '벗어지다'를 쓸 경우, 전혀 다른 의미가 돼요. 즉, 머리카락을 강제로 뽑거나 뇌수술 등을 위해 두피를 젖혀 놓았다는 뜻일 때는 '벗겨지다'를, 머리카락이 자연적으로 빠져 없어진 사람에게는 '벗어지다'를 써야 하지요.

볕/빛 명사

볕은 '해에서 내 쏘는 뜨거운 기운'을 의미하는 '햇볕'의 준말로 해·불·뜨겁다·따뜻하다 등과 잘 어울려요.

빛은 '(태양·별·등불 따위에서 나와) 시신경을 자극하여 무엇을 알아볼 수 있게 하는 것', '(물체가 나타내는) 빛깔' 등의 뜻이 있어요. 해·달·불·밝다·환하다 등과 잘 어울려요.

예 봄**볕**이 참 따뜻하다. (○)
봄**볕**이 참 환하다. (×)
불**빛**이 너무 뜨겁다. (×)
빛이 없어 캄캄하다. (○)

보수/삯/임금 명사

보수는 '고마움에 보답함 또는 그 보답', '노력의 대가나 사례의 뜻으로 주는 돈이나 물품'의 뜻이 있어요.
삯은 '일을 한 데 대하여 보수로 주는 돈이나 물품', '어떤 물건이나 시설을 이용하고 주는 대가'라는 뜻이에요.
임금은 '노동의 대가로 받는 보수, 노임, 삯'이라는 뜻이지요.

예) 정당한 **보수**를 받아야 일할 의욕이 생긴다.
보름치 **삯**으로 쌀 한 가마를 받았다.
아직도 남녀 간의 **임금** 격차가 심하다고 한다.

우리 어머니는 삯바느질로 저를 키우셨어요.

너는 공부만 하거라.

다르게 써요!

보수는 어느 한때 또는 맡아서 두고두고 하는 일의 대가에 두루 쓰이고, **삯**은 붙박이로 하는 일의 대가로는 쓰이지 않고 필요할 때마다 일을 해 주고 받는 대가에 두루 쓰여요. **임금**은 주로 계약 등에 의해 고정적으로 하는 일의 대가에 쓰인답니다.

부끄럽다/수줍다 형용사

부끄럽다는 '일을 잘 못하거나 양심에 거리끼어 볼 낯이 없거나 매우 떳떳하지 못하다', '스스러움을 느끼어 매우 수줍다'라는 뜻이에요. 서로 사귀는 정분이 두텁지 않아 조심스럽거나 낯선 사람이나 이성에 대한 서먹하고 조심스러운 느낌을 이르는 표현이에요. 인간관계 등 주어진 상황 때문에 나타나는 태도예요.

수줍다는 '숫기가 없어 다른 사람 앞에서 말이나 행동을 활발하게 하지 못하고 어려워하는 태도가 있다'는 뜻이에요. 성격적인 이유에서 나타나는 태도에 쓰이므로 가려 써야 해요.

예 거짓말을 한 내 자신이 **부끄러웠다.**
　동생은 **수줍어**하고 말이 없는 아이였으나 총명했다.

부닥치다/부딪다/부딪치다/부딪히다

부닥치다는 '세게 부딪치다', '어려운 문제나 반대에 직면하다' 등의 뜻이 있어요.

부딪다는 '무엇과 무엇이 힘 있게 마주 닿거나 마주 대다. 또는 닿거나 대게 하다', '예상치 못한 일이나 상황 따위에 직면하다'의 뜻이 있어요.

부딪치다는 '부딪다'를 강조하여 이르는 말이에요.

부딪히다는 '부딪다'의 피동사예요.

예 물살에 휩쓸린 배는 바위에 **부닥쳐** 산산조각이 났다.
지나가는 사람에게 **부딪는** 바람에 쟁반을 떨어뜨렸다.
옆을 쳐다보며 걷다가 벽에 **부딪쳤다.**
어려운 문제에 **부딪히면** 언제든지 도움을 요청해라.

부르다/이르다/일컫다 동사

부르다는 '말이나 행동 따위로 다른 사람의 주의를 끌거나 오라고 하다', '이름이나 명단을 소리 내어 읽으며 대상을 확인하다', '남이 자신의 말을 받아 적을 수 있게 또박또박 읽다'라는 뜻이 있어요.

이르다는 어떤 대상을 '무엇이라고 이름 붙이거나 가리켜 말하다'라는 뜻으로 주로 사물에 이름을 붙여 말하는 것을 가리켜요.

일컫다는 '이름 지어 부르다', '가리켜 말하다', '우러러 칭찬하거나 기리어 말하다' 등의 뜻이 있어요.

예 모른 체 지나가는 친구를 큰 소리로 **불렀다**.

(관용구) **이를** 데 없다.

○ 정도가 굉장하여 이루 다 말할 수 없다.

흔히 사람을 **일컬어** 이성적 동물이라고 한다.

부수다/부시다 동사/동사·형용사

부수다는 '단단한 물체를 여러 조각이 나게 두드려 깨뜨리다', '만들어진 물건을 두드리거나 깨뜨려 못 쓰게 만들다' 등의 뜻이 있어요.

부시다는 뜻이 다양한데, '그릇 따위를 씻어 깨끗하게 하다'라는 뜻의 동사이기도 하고, '빛이나 색채가 강렬하여 마주 보기가 어려운 상태에 있다'라는 뜻의 형용사이기도 해요.

예 사람의 이는 음식물을 잘게 **부수어** 소화를 돕는다.
다 먹고 그릇은 깨끗이 **부셔** 놓아라.
밖으로 나오자 눈이 **부셔서** 눈을 뜰 수가 없다.

부치다/붙이다 동사

부치다는 '모자라거나 미치지 못하다', '편지나 물건 따위를 일정한 수단이나 방법을 써서 상대에게로 보내다', '어떤 문제를 다른 곳이나 기회로 넘기어 맡기다', '프라이팬 따위에 기름을 바르고 음식을 익혀서 만들다', '부채 따위를 흔들어서 바람을 일으키다', '논밭을 이용하여 농사를 짓다' 등의 뜻이 있어요.
붙이다는 '맞닿아 떨어지지 아니하다', '불이 옮아 타기 시작하다', '신체의 일부분을 어느 곳에 대다' 등의 뜻이 있어요.

예) 오래 걸었더니 체력이 **부친다.**
선생님께 편지를 **부쳤다.**
안건을 회의에 **부치다.**
비오는 날은 전을 **부쳐** 먹는다.
부채를 **부쳐** 바람을 일으켰다.
봉투에 우표를 **붙이다.**
성냥불을 **붙였다.**
방바닥에 엉덩이를 **붙였다.**

부풀다/부프다 동사/형용사

부풀다는 '종이나 헝겊 따위의 거죽에 부풀이 일어나다', '살가죽이 붓거나 부르터 오르다', '희망이나 기대 따위가 마음에 가득하게 되다', '물체가 늘어나면서 부피가 커지다' 등의 뜻이 있어요.

부프다는 '무게는 나가지 아니하지만 부피가 크다', '성질이나 말씨가 매우 급하고 거칠다', '좁은 곳에 많은 사람이 꽉 들어차서 움직이기가 거북하다' 등의 뜻이 있지요.

예 솜이불을 햇빛에 말렸더니 솜이 **부풀어서** 뽀송하다.
밤새 울어서 눈이 **부풀었다.**
떠오르는 해를 보고 희망에 **부풀었다.**
빵 반죽이 **부풀어** 올랐다.
풍선이 **부퍼서** 가방에 넣기 힘들다.
부픈 성미가 조금 느긋해졌다.
버스 안이 **부퍼서** 자리 잡기 힘들었다.

대학생이 되는 꿈에 부풀었어요.

결혼하는 희망에 부풀었어요.

붇다/불리다

붇다는 '물에 젖어서 부피가 커지다', '분량이나 수효가 많아지다'라는 뜻이에요.
불리다는 '붇다'의 사동사로 '물에 젖어서 부피가 커지게 하다', '분량이나 수효가 많아지게 하다'라는 뜻이에요.

예 마른 오징어가 물에 **불어** 부드러워졌다.
   비가 많이 오면 개울물이 **붇는다.**
   콩국수를 만들려면 콩을 **불려서** 삶은 후에 곱게 갈아야 한다.

불거지다/붉어지다 동사

불거지다는 '물체의 거죽으로 둥글게 툭 비어져 나오다', '어떤 사물이나 현상이 두드러지게 커지거나 갑자기 생겨나다'라는 뜻이에요.
붉어지다는 '빛깔이 점점 붉게 되어 가다'라는 뜻이지요.
표기는 다르지만 발음이 같으므로 유의해야 해요.

예 낡은 양말 밖으로 발가락이 **불거졌다.**
부끄럽고 창피하여 얼굴색이 **붉어졌다.**

붓다/붙다 동사

붓다는 '살가죽이나 어떤 기관이 부풀어 오르다', '(속되게) 성이 나서 뾰로통해지다', '액체나 가루 따위를 다른 곳에 담다', '모종을 내기 위하여 씨앗을 많이 뿌리다', '불입금, 이자, 곗돈 따위를 일정한 기간마다 내다'라는 뜻이 있어요.
붙다는 '맞닿아 떨어지지 아니하다', '시험 따위에 합격하다', '불이 옮아 타기 시작하다'라는 뜻이에요.
받침에 따라 뜻이 전혀 다르므로 가려 써야 해요.

예 (관용구) 간이 **붓다.**
➡ 지나치게 대담해지다.
식당에 들어서면 벽에 차림표가 **붙어** 있다.

붙들다/잡다/쥐다 동사

붙들다는 '놓치지 않게 꽉 쥐다', '사람이나 사물 따위가 달아나지 못하도록 잡다', '남을 가지 못하게 말리다' 등의 뜻이 있어요. 즉 사람이 다른 사람이나 물건을 손안 또는 팔 사이에 있게 하고 힘을 주어 자기에게서 빠져나가지 못하게 할 때 쓰는 표현이에요.

잡다는 '손으로 움키고 놓지 않다', '붙들어 손에 넣다', '짐승을 죽이다' 등의 뜻으로 사람이 손이나 몸의 다른 부분 또는 도구를 이용하여 어떤 물건을 손안이나 일정한 범위 안에 있게 할 때 쓰는 표현이에요. 어떤 대상을 죽이거나 못쓰게 할 때나 결정되지 않은 일의 내용이나 범위를 정한다는 뜻으로도 쓰여요.

쥐다는 '손가락을 다 오므려 엄지손가락과 다른 네 손가락을 겹쳐지게 하다', '어떤 물건을 손바닥에 들게 하거나 손가락 사이에 낀 채로 손가락을 오므려 힘 있게 잡다', '제 뜻대로 다루거나 움직일 수 있는 상태에 두다'라는 뜻으로 대상이 물체인 경우에는 손안에 드는 것을 전제로 합니다.

예 (관용구) 일손을 **붙들다.**
- 어떤 일에 손을 대어 시작하다.

(속담) 잡으라는 쥐는 안 **잡고** 씨암탉만 문다.
- 해야 할 일은 하지 않고 도리어 큰 손해만 입힘을 비유적으로 이르는 말.

(속담) **쥐고** 펼 줄을 모른다.
- 돈을 모으기만 하고 쓸 줄을 모른다는 말.

비끼다/비키다 _{동사}

비끼다는 '비스듬히 놓이거나 늘어지다', '비스듬히 비치다', '얼굴에 어떤 표정이 잠깐 드러나다' 등의 뜻이 있어요.
비키다는 '무엇을 피하여 있던 곳에서 한쪽으로 자리를 조금 옮기다', '방해가 되는 것을 한쪽으로 조금 옮겨 놓다', '무엇을 피하여 방향을 조금 바꾸다' 등의 뜻이 있어요.

예) 하늘에 **비낀** 구름들이 연보랏빛으로 곱게 물들었다.
　　차가 지나가자 그들은 재빨리 길을 **비켜** 주었다.

비스듬하다/비스름하다 _{형용사}

비스듬하다는 '수평이나 수직이 되지 아니하고 한쪽으로 기운 듯하다'라는 뜻이에요.
비스름하다는 '거의 비슷하다'라는 뜻으로 의미가 전혀 달라요.

예) 책들이 **비스듬하게** 꽂혀 있어서 바르게 세워 놓았다.
　　나와 친구는 **비스름한** 외모 때문에 형제로 오해받는다.

비추다/비치다 동사

비추다는 '빛을 내는 대상이 다른 대상에 빛을 보내어 밝게 하다', '빛을 받게 하거나 빛이 통하게 하다', '빛을 반사하는 물체에 어떤 물체의 모습이 나타나게 하다' 등의 뜻이 있어요.

비치다는 '빛이 나서 환하게 되다', '빛을 받아 모양이 나타나 보이다', '물체의 그림자나 영상이 나타나 보이다' 등의 뜻이 있어요.

둘 다 빛과 관련 있지만 의미 차이가 있으므로 유의해야 해요.

예 손전등으로 밤길을 **비추며** 걸었다.
　　창문에 **비친** 그림자를 보고 깜짝 놀랐다.

빌다/빌리다 동사

빌다는 '바라는 바를 이루게 하여 달라고 신이나 사람, 사물 따위에 간청하다', '잘못을 용서하여 달라고 호소하다', '생각한 대로 이루어지길 바라다' 등의 뜻이 있고, '남의 물건을 공짜로 달라고 호소하여 얻다'라는 뜻도 있어요.
빌리다는 '남의 물건이나 돈 따위를 나중에 도로 돌려주거나 대가를 갚기로 하고 얼마 동안 쓰다', '남의 도움을 받거나 사람이나 물건 따위를 믿고 기대다', '일정한 형식이나 이론, 또는 남의 말이나 글 따위를 취하여 따르다' 등의 뜻이 있어요.

예 (속담) **비는** 데는 무쇠도 녹는다.
　◎ 자기의 잘못을 잘 변명하고 사과하면 아무리 완고한 사람이라도 용서함을 비유적으로 이르는 말.
흥부는 밥을 **빌러** 놀부네 집으로 갔다.
(속담) **빌려** 온 고양이같이
　◎ 여러 사람이 모여 떠드는 데서 사람들과 어울리지 아니한 채 혼자 덤덤히 있는 경우를 이르는 말.

빗/빚/빛 명사

빗은 머리털을 빗을 때 쓰는 도구로, 대나무, 뿔이나 금속 따위로 만들며 참빗, 얼레빗, 면빗, 음양소 따위가 있어요.

빚은 '남에게 갚아야 할 돈이나 꾸어 쓴 돈이나 외상값 따위'를 이르고, '갚아야 할 은혜 따위'를 비유적으로 이르는 말이기도 해요.

빛은 시각 신경을 자극하여 물체를 볼 수 있게 하는 일종의 전자기파로 태양이나 고온의 물질에서 나와요. '물체가 광선을 흡수 또는 반사하여 나타내는 빛깔', '표정이나 눈, 몸가짐에서 나타나는 기색이나 태도' 등의 뜻도 있어요.

예 엉킨 머리카락을 **빗**으로 빗었다.

(속담) **빚** 주고 뺨 맞기
　◯ 남을 위하여 노력하거나 후하게 대접하고는 오히려 봉변을 당하게 되는 경우를 비유적으로 이르는 말.

(속담) **빛**은 검어도 속은 희다.
　◯ 겉은 어지러워도 속은 깨끗함을 이르는 말.

빠개다/짜개다 동사

빠개다는 '작고 단단한 물건을 두 쪽으로 가르다', '작고 단단한 물건의 틈을 넓게 벌리다', '거의 다 된 일을 어긋나게 하다'라는 뜻으로 단단하지 않은 물건을 대상으로 할 때나 둘 이상으로 가르는 경우에 쓰면 부자연스러우므로 유의해야 해요.

짜개다는 '나무 따위의 단단한 물건을 연장으로 베거나 찍어서 갈라지게 하다'라는 뜻으로 역시 단단하지 않은 물건을 대상으로 하거나 연장을 쓰지 않는 경우에 쓰면 부자연스러워요.

예 껍데기를 **빠개고** 호두 알맹이를 꺼냈다.
나무판자를 **짜개** 아궁이 불에 던졌다.

빠르다/재다 형용사

빠르다는 '어떤 동작을 하는 데 걸리는 시간이 짧다', '어떤 일이 이루어지는 과정이나 기간이 짧다', '어떤 것이 기준이나 비교 대상보다 시간 순서상으로 앞선 상태에 있다' 등의 뜻으로, 사람이나 물체 따위의 움직이는 속도가 보통 이상일 때 쓰는 표현이에요.

재다는 의미가 다양하지만 '빠르다'와 연관된 의미로는 '동작이 재빠르다', '참을성이 모자라 입놀림이 가볍다', '온도에 대한 물건의 반응이 빠르다' 등의 뜻이 있어요. 속도가 보통 이상일 때, 신체의 특정 부분만을 움직일 때의 속도에 대해서 써요.

예 (속담) **빠른** 바람에 굳센 풀을 안다.
⇨ 드센 바람 속에 꿋꿋이 서 있는 굳센 풀을 알아낼 수 있다는 뜻으로, 마음의 굳은 의지와 절개는 시련을 겪고 나서 더 뚜렷하게 나타난다는 말.
저 남자는 운동선수여서 몸놀림이 **재다.**

빨리/냉큼/어서/얼른/퍼뜩 부사

빨리는 '걸리는 시간이 짧게'라는 뜻으로 '느리지 않게'라는 뜻이 담겨 있어요.
냉큼은 '머뭇거리지 않고 가볍게 빨리'라는 뜻으로 가볍고 민첩한 행동을 요구할 때 써요.
어서는 '일이나 행동을 지체 없이 빨리 하기를 재촉하는 말', '반갑게 맞아들이거나 간절히 권하는 말', '지체 없이 빨리'라는 뜻으로 재빠른 행동을 요구할 때 써요.
얼른은 '시간을 끌지 아니하고 바로'라는 뜻으로 '미루지 말라'는 뜻이 담겨 있어요.
퍼뜩은 '어떤 생각이 갑자기 아주 순간적으로 떠오르는 모양', '어떤 물체나 빛 따위가 갑자기 아주 순간적으로 나타나는 모양', '갑자기 정신이 드는 모양' 등 반사적인 행동에 씁니다.

예 (속담) 나쁜 소문은 **빨리** 퍼진다.
  ○ 나쁜 일일수록 아무리 숨기려 해도 금세 세상에 널리 퍼진다는 말.
  지체하지 말고 **냉큼** 다녀오너라.
  이제 그만 일어나라. **어서**!
  면접관이 묻는 말에 나는 **얼른** 대답하였다.
  찬바람을 쐬니 정신이 **퍼뜩** 들었다.

삼계탕이다.
식기 전에 얼른 먹으렴.

빻다/쓿다/찧다 동사

빻다는 '짓찧어서 가루로 만들다'라는 뜻으로 가루로 만드는 것을 나타내요.
쓿다는 '거친 쌀, 조, 수수 따위의 곡식을 찧어 속꺼풀을 벗기고 깨끗하게 하다'라는 뜻으로 가루를 만드는 것이 아니고 꺼풀을 벗기는 것을 나타내요.
찧다는 '곡식 따위를 쓿거나 빻으려고 절구에 담고 공이로 내리치다', '무거운 물건을 들어서 아래 있는 물체를 내리치다', '마주 부딪다'라는 뜻으로 곡식 따위를 절구에 담고 공이로 내리쳐 쓿거나 빻거나 으깨는 등 내리치는 행위를 나타내고 있어서 가루로 만들 수 없는 마늘·생강·감자 따위와도 잘 어울려요.

예) 깨를 **빻으니** 고소한 냄새가 가득하다.
쌀에 뉘가 많으니 몇 번 더 **쓿어야**겠다.
(속담) **찧는** 방아도 손이 나들어야 한다.
○ 무슨 일에나 공을 들여야 그 일이 잘된다는 말.

방앗간에 가서 찹쌀 빻아 올게요.

오냐, 곱게 빻아 오너라.

겉보리를 다 찧으면 뒤따라 가마.

뻐개다/뻐기다 동사

뻐개다는 '크고 딴딴한 물건을 두 쪽으로 가르다', '거의 다 된 일을 완전히 어긋나게 하다', '(속되게) 사람을 매우 치다' 등의 뜻이 있어요. '뻐개다'를 '뽀개다'로 잘못 쓰는 경우가 종종 있으므로 유의해야 해요.

뻐기다는 '얄미울 정도로 매우 우쭐거리며 자랑하다'라는 뜻이지요.

예 단단한 돌을 맨손으로 **뻐갠다**며 호언장담을 했다.
　　이모는 결혼식을 **뻐개고** 사라졌다.
　　그는 복권에 당첨되었다고 무척 **뻐기고** 다닌다.

사다/팔다 동사

사다는 '값을 치르고 어떤 물건이나 권리를 자기 것으로 만들다', '가진 것을 팔아 돈으로 바꾸다', '안 해도 좋을 일을 일부러 하다' 등의 뜻이 있어요.

팔다는 '값을 받고 물건이나 권리 따위를 남에게 넘기거나 노력 따위를 제공하다', '사람을 돈을 받고 물건처럼 거래하다', '주의를 집중하여야 할 곳에 두지 아니하고 다른 데로 돌리다', '돈을 주고 곡식을 사다' 등의 뜻이 있어요.

 (관용구) **사서** 고생을 하다.
  ○ 고생하지 아니하여도 될 일을 제 스스로 만들어 고생하다.
아버지는 늘 다니는 가게에서 쌀을 **팔아** 오셨다.

사뭇/자못 부사

사뭇은 '속까지 깊이 미치어 닿다'는 뜻이 있는 '사무치다'와 연관이 있는 낱말로 '거리낌 없이 마구', '내내 끝까지', '아주 딴판으로'라는 뜻이에요.
자못은 '생각보다 매우'라는 뜻이에요.

예 이번 여름 방학은 **사뭇** 바빴다.
그 친구는 간절했던 어제와는 **사뭇** 다르게 행동했다.
부모님은 나에 대한 기대가 **자못** 크다.

삭이다/삭히다 동사

삭이다는 '돈, 시간, 물건, 힘 따위를 소비하다', '먹은 음식물이 소화되다', '긴장이나 화가 풀려 마음이 가라앉다', '기침이나 가래 따위가 잠잠해지거나 가라앉다' 등의 뜻이 있어요.

삭히다는 '김치나 젓갈 따위의 음식물이 발효되어 맛이 들다'는 뜻이 있어요. 무엇을 인위적으로 발효시키는 의미로는 '삭히다'를 쓰고, 분한 감정이나 기침 등을 가라앉히는 상황에서는 '삭이다'를 써야 합니다.

예 괜히 돌아다니느라 신발만 **삭이지** 말고 한 곳에 있어라.
한창 때는 돌도 **삭일** 만큼 뭐든 먹을 수 있지.
아무리 화가 나도 분을 **삭여야지.**
생강차는 기침을 **삭이는** 데 좋아.
푹 **삭힌** 김치가 제대로 맛이 들었어.

삭정이/썩정이

삭정이는 '살아 있는 나무에 붙어 있는, 말라 죽은 가지'라는 뜻이에요.
썩정이는 '썩어 빠진 물건'을 가리키는 말이에요.
간혹 혼동하여 잘못 쓰는 경우가 많은데 유의해야 해요.

예 **삭정이**를 주워서 불을 지폈다.
　　아까워도 **썩정이**를 집 안에 모아 두지 말고 버려라.

살지다/살찌다 [형용사/동사]

살지다는 '살이 많고 튼실하다', '땅이 기름지다', '과실이나 식물의 뿌리 따위에 살이 많다' 등의 뜻이 있어요.

살찌다는 '몸에 살이 필요 이상으로 많아지다', '(비유적으로) 힘이 강하게 되거나 생활이 풍요로워지다' 등의 뜻이 있어요.

'살찌다'는 살이 찌는 동작을 나타내고, '살지다'는 살이 찐 상태를 나타내는데, 사람과 관련해서는 대개 '살찌다'가 쓰이고, 사람 외에 동식물이나 땅 등에는 '살지다'가 쓰이지요.

예) 물이 오른 **살진** 과일을 골라 담았다.

(속담) **살찐** 놈 따라 붓는다.
> 살찐 사람처럼 되느라 붓는다는 뜻으로, 남이 하는 짓을 무리하게 흉내냄을 비웃는 말.

살해하다/암살하다/죽이다

살해하다는 '사람을 해치어 죽이다'라는 뜻으로 대상이 사람이라면 어떠한 경우에도 쓸 수 있어요.

암살하다는 '몰래 사람을 죽이다'라는 뜻으로 특별한 목적을 가지고 정치인이나 이름 난 사람을 몰래 죽이는 경우에 쓰입니다.

죽이다는 '생명이 없어지거나 끊어지다', '불 따위가 타거나 비치지 아니한 상태에 있다', '본래 가지고 있던 색깔이나 특징 따위가 변하여 드러나지 아니하다'의 뜻이 있는 '죽다'의 사동사예요.

예) 그는 원수를 무참히 **살해하였다.**
　　일제 앞잡이들을 모조리 **암살해야** 한다는 의견이 있었다.
　　(속담) 죽일 놈도 먹이고 **죽인다.**
　　▶ 사람을 굶기는 것은 인간의 기본적 도리가 아니라는 말.

새다/세다 동사/동사·형용사

새다는 '기체, 액체 따위가 틈이나 구멍으로 조금씩 빠져 나가거나 나오다', '빛이 물체의 틈이나 구멍을 통해 나거나 들다', '어떤 소리가 일정 범위에서 빠져나가거나 바깥으로 소리가 들리다'라는 뜻이 있어요. 그리고 '날이 밝아 오다'라는 뜻도 있어요.

세다는 '머리카락이나 수염 따위의 털이 희어지다', '얼굴의 핏기가 없어지다'의 뜻이 있고, '사물의 수효를 헤아리거나 꼽다'라는 뜻도 있습니다. 형용사로 쓰일 때는 '힘이 많다', '행동하거나 밀고 나가는 기세 따위가 강하다', '물, 불, 바람 따위의 기세가 크거나 빠르다' 등의 뜻이 있어요.

예 (관용구) 날이 **새다.**
　⇒ 일을 이룰 시기가 이미 지나 가망이 없다.
　태풍이 오면 바람이 **세서** 조심해야 한다.

새우다/세우다 동사

새우다는 '한숨도 자지 아니하고 밤을 지내다'라는 뜻이에요.
세우다는 '사람이나 동물이 발을 땅에 대고 다리를 쭉 뻗으며 몸을 곧게 하다', '처져 있던 것이 똑바로 위를 향하여 곧게 되다', '계획, 결심, 자신감 따위가 마음속에 이루어지다'라는 뜻이 있어요.

예 책을 읽느라고 밤을 **새웠다**.
선생님은 졸고 있던 학생을 자리에서 일으켜 **세웠다**.

생기다/일어나다 동사

생기다는 '없던 것이 새로 있게 되다', '자기의 소유가 아니던 것이 자기의 소유가 되다', '어떤 일이 일어나다'라는 뜻이 있어요. 대상이 물질인 경우 그 물질은 없던 것이며, 추상적인 개념에는 쓰지 않아요.

일어나다는 '어떤 일이나 마음이 나타나다'라는 뜻이에요. 일어나는 대상이 물질인 경우, 이미 존재하던 것이 위로 또는 밖으로 움직이거나, 약하거나 희미하던 것이 왕성하게 된다는 의미가 있어요. '생기다'와 달리 추상적인 개념에도 쓸 수 있어요.

예) 복권이 당첨되어 뭉돈이 **생겼다**.
월드컵 대회가 가까워 오자 축구 열기가 다시 **일어났다**.

서투르다/설다 동사

서투르다는 '일 따위에 익숙하지 못하여 다루기에 힘들다', '전에 만난 적이 없어 어색하다', '생각이나 감정 따위가 어색하고 서먹서먹하다'라는 뜻이 있어요.

설다는 '열매, 밥, 술 따위가 제대로 익지 아니하다', '익숙하지 못하다', '잠이 모자라거나 깊이 들지 아니하다'라는 뜻이 있어요.

예 (속담) **서투른** 무당이 장구만 나무란다.
　◎ 자기 기술이나 능력이 부족한 것은 생각하지 않고 애매한 도구나 조건만 가지고 나쁘다고 탓함을 비꼬는 말.

오랜만에 고향을 찾았더니 뒷산마저 눈에 **설게** 느껴졌다.

섞다/타다 동사

섞다는 '두 가지 이상의 것을 한데 합치다', '어떤 말이나 행동에 다른 말이나 행동을 함께 나타내다'라는 뜻이에요. 주로 액체와 액체, 고체와 고체를 합하는 경우에 쓰여요.

타다는 '다량의 액체에 소량의 액체나 가루 따위를 넣어 섞다'의 뜻이 있어요. 덩어리나 가루끼리 섞는 경우에 쓰는 것은 어색해요.

예 건강을 생각해 쌀에 잡곡을 **섞어** 밥을 짓는다.
　　우유에 곡물 가루를 **타서** 먹었다.

선뜩/선뜻 _{부사}

선뜩은 '갑자기 서늘한 느낌이 드는 모양', '갑자기 놀라서 마음에 서늘한 느낌이 드는 모양'이라는 뜻이에요.
선뜻은 '동작이 빠르고 시원스러운 모양'을 나타내는 말이에요.

예) 밤하늘에 번개가 쳐서 **선뜩** 놀랐다.
    답을 알고 있었지만 **선뜻** 나서지 못했다.

성깔/성미 _{명사}

성깔은 '거친 성질을 부리는 버릇이나 태도, 또는 그 성질'을 의미해요.
성미는 '성질, 마음씨, 비위, 버릇 따위를 통틀어 이르는 말'로 성질의 특징을 이를 때 주로 사용하며 성질이 어떠한지를 나타내는 말이 앞뒤로 와요. 둘 다 성격이나 기질을 뜻하지만, '성깔'은 공격적이고 부정적인 의미가 담겨 있어요.

예) 새로 온 선생님은 **성깔** 사나운 인상이었다.
    (관용구) **성미**가 마르다.
    ○ 도량이 좁고 성질이 급하다.

세다/헤아리다 동사

세다는 의미가 다양하지만 '헤아리다'와 관련 있는 의미로는 '사물의 수효를 헤아리거나 꼽다'가 있어요. 즉 사물의 수효를 일정한 순서에 따라 하나씩 말하거나 머릿속으로 생각할 때 쓰는 표현이에요.

헤아리다는 '수량을 세다', '그 수 정도에 이르다. 비교적 많은 수에 이르는 경우'를 말하고, '짐작하여 가늠하거나 미루어 생각하다' 등의 뜻이 있어요. 주로 수량을 알아보기 위해 직접 물건 따위를 셀 때 쓰는 표현이며, 추상적인 경우에는 어떤 일의 사정을 짐작하여 가늠해 볼 때 써요.

예) 열을 **셀** 때까지 대답해야 기회를 주겠다.

(관용구) 손가락으로 **헤아릴** 정도.
➡ 수효가 매우 적음을 이르는 말.

쇠다/쉬다 동사

쇠다는 '명절, 생일, 기념일 같은 날을 맞이하여 지내다'라는 뜻이에요.
쉬다는 의미가 다양해요. '음식 따위가 상하여 맛이 시금하게 변하다', '목청에 탈이 나서 목소리가 거칠고 맑지 않게 되다', '피로를 풀려고 몸을 편안히 두다', '잠을 자다', '잠시 머무르다' 등의 뜻이 있어요. 그리고 '입이나 코로 공기를 들이마셨다 내보냈다 하다', '한숨을 짓다'라는 뜻도 있지요.
형태가 비슷하여 혼동하기 쉬우므로 유의해야 해요.

예 고향에서 설을 **쇠고** 다음 날 집으로 돌아왔다.
　　(속담) **쉬려던** 차에 넘어진다.
　　➡ 마음속으로 바라던 일에 대하여 할 수 있는 조건이나 핑계 거리가 생김을 비유적으로 이르는 말.

숯/숱   명사

숯은 '나무를 숯가마에 넣어 구워 낸 검은 덩어리의 연료'를 가리켜요.
숱은 '머리털 따위의 부피나 분량'을 나타내는 말이지요.
뜻이 전혀 다른 낱말이므로 유의해야 해요.

예 (속담) **숯**이 검정 나무란다.
　○ 숯이 검은 것을 나무란다는 뜻으로, 제 허물은 생각하지 않고 남의 허물을 들추어냄을 비유적으로 이르는 말.
　갈수록 눈도 어두워지고 머리의 **숱**도 줄어들어 속상하다.

스러지다/쓰러지다 [동사]

스러지다는 '형체나 현상 따위가 차차 희미해지면서 없어지다', '불기운이 약해져서 꺼지다' 등의 뜻이 있어요.

쓰러지다는 힘이 빠지거나 외부의 힘에 의하여 서 있던 상태에서 바닥에 눕는 상태가 되다', '사람이 병이나 과로 따위로 정상 생활을 하지 못하고 몸져눕는 상태가 되다', '기업이나 국가 따위가 제 기능을 하지 못하는 상태가 되다' 등의 뜻이 있어요.

예) 새벽녘이 되자 모닥불의 불꽃이 **스러졌다**.
강풍에 나무가 **쓰러졌다**.

스무/스물 [관형사/수사]

스무는 관형사로 '그 수량이 스물임'을 나타내는 말이에요.
스물은 '열의 두 배가 되는 수'를 나타내는 수사이지요.
모두 20을 뜻하지만 품사에 따라 쓰임이 달라요.

예) 남편이 죽은 지 **스무** 해가 지났다.
스물이 넘으면 배낭 여행을 떠나야지.

스치다/시치다 동사

스치다는 '서로 살짝 닿으면서 지나가다', '어떤 느낌, 생각, 표정 따위가 퍼뜩 떠올랐다가 이내 사라지다', '시선이 훑어 지나가다' 등의 뜻이 있어요.
시치다는 '바느질을 할 때, 여러 겹을 맞대어 듬성듬성 성기게 꿰매다'라는 뜻이지요.

예 얼굴에 **스치는** 새벽 공기가 상쾌하게 느껴졌다.
　　빨아 둔 이불 홑청을 **시치기** 시작했다.

슬다/쓸다 동사

슬다는 '쇠붙이에 녹이 생기다', '곰팡이나 곤충의 알 따위가 생기다', '벌레나 물고기 따위가 알을 깔기어 놓다' 등의 뜻이 있어요.

쓸다는 '비로 쓰레기 따위를 밀어내거나 한데 모아서 버리다', '가볍게 쓰다듬거나 문지르다', '전염병 따위가 널리 퍼지거나 태풍, 홍수 따위가 널리 피해를 입히다' 등의 뜻이 있어요.

예) 가위에 녹이 **슬어** 쓸 수가 없다.
장마철에 벽에 곰팡이가 **슬어** 퀴퀴한 냄새가 난다.
물고기가 자갈 아래에 알을 **슬었다.**
빗자루로 마당을 **쓸었다.**
할머니께서 손으로 배를 **쓸어** 주셨다.
태풍이 **쓸고** 간 자리는 처참했다.

승강이/실랑이　명사

승강이는 '서로 자기주장을 고집하며 옥신각신하는 일'을 가리켜요. 양편이 팽팽히 맞서는 경우에 쓰여요.

실랑이는 '이러니저러니, 옳으니 그르니 하며 남을 못살게 굴거나 괴롭히는 일'을 가리키지요. 어느 한 편이 상대편을 일방적으로 못살게 굴거나 괴롭히는 경우에도 쓰여요.

'승강이'와 '실랑이'는 서로 비슷하게 쓰이는 말이에요. 하지만 '실강이', '실갱이', '실겡이' 등은 표준어가 아니므로 가려 써야 해요.

예 사소한 일로 너와 **승강이**할 시간이 없다.
　 손님은 물건 값을 깎으려고 한동안 **실랑이**를 벌였다.

시골/지방/촌 명사

시골은 '도시에서 떨어져 있는 지역, 주로 도시보다 인구수가 적고 인공적인 개발이 덜 돼 자연을 접하기 쉬운 곳' 또는 '도시로 떠나온 사람이 고향을 이르는 말' 등으로 쓰여요.

지방은 '어느 방면의 땅', '서울 이외의 지역', '중앙의 지도를 받는 아래 단위의 기구나 조직을 중앙에 상대하여 이르는 말'이에요. 상대어는 '중앙(中央)'이에요.

촌은 '도시'에 대응되는 말로 의미는 시골과 같아요.

예 (속담) **시골** 깍쟁이 서울 곰만 못하다.
　○ 서울 사람이 시골 사람보다 몹시 인색하고 박정함을 비유적으로 이르는 말.
지방 분권은 통치 권력이 지방 자치 단체에 분산되어 있는 것이다.
서울 생활을 정리하고 **촌**으로 내려갔다.

시다/시리다 형용사

시다는 '맛이 식초나 설익은 살구와 같다', '관절 따위가 삐었을 때처럼 거북하게 저리다', '강한 빛을 받아 눈이 부시어 슴벅슴벅 찔리는 듯하다'라는 뜻이에요.

시리다는 '몸의 한 부분이 찬 기운으로 인해 추위를 느낄 정도로 차다', '찬 것 따위가 닿아 통증이 있다', '빛이 강하여 바로 보기 어렵다' 등의 뜻이 있어요. '시리다'는 주로 '차가운 것'과 관계가 있으므로 접질리거나 하여 관절 등이 저린 것과는 구분하여 써야 해요. 차가운 콘크리트 바닥에 오래 무릎을 꿇고 앉아 있던 탓에 무릎에 통증이 왔다면 '시리다'를 쓸 수 있지만 관절 따위가 삐었을 때처럼 거북하게 저리는 상황에는 '시다'를 써야 해요.

예 그는 발목이 **시다**며 병원에 가자고 했다.
옷을 몇 겹이나 껴 입었지만 여전히 코끝이 **시렸다.**

싣다/태우다 동사

싣다는 '물체를 운반하기 위하여 차, 배, 수레, 비행기, 짐승의 등 따위에 올리다', '사람이 어떤 곳을 가기 위하여 차, 배, 비행기 따위의 탈것에 오르다', '글, 그림, 사진 따위를 책이나 신문 따위의 출판물에 내다' 등의 뜻이 있어요. 주로 물체를 대상으로 하는 경우에 쓰이지만, 사람을 대상으로 하는 경우에는 사람이 어떤 곳으로 가기 위하여 스스로 탈 것에 오른다는 의미로 쓰여요.

태우다는 여러 가지 뜻으로 쓰이는 다의어예요. 그 중에서 '싣다'와 연관된 뜻은 '탈것이나 짐승의 등 따위에 몸을 얹다', '바닥이 미끄러운 곳에서 어떤 기구를 이용하여 달리다' 등의 뜻이 있어요.

예 달동네에서는 아직도 연탄을 수레로 **실어** 나르고 있었다.

나는 동생에게 그네를 **태워** 주었다.

내 글이 잡지에 실렸어요.

동생을 태우고 달려요.

싱경싱경하다/싱둥싱둥하다 형용사

싱경싱경하다는 '방이 서늘하고 차다'라는 뜻이에요.
싱둥싱둥하다는 '본디의 기운이 그대로 남아 있어 싱싱하다', '부끄러움을 타지 않고 자꾸 시큰둥하다'라는 뜻이에요.

예) 추석이 지나면서부터 **싱경싱경**해서 난방을 해야 했다.
아직 **싱둥싱둥**한 걸 보니 체력이 대단하구나.

싸다/쌓다 동사

싸다는 '어떤 물건을 안에 넣고 보이지 않게 씌워 가리거나 둘러 말다', '어떤 물건을 다른 곳으로 옮기기 좋게 상자, 가방, 천 따위를 이용해서 꾸리다' 등의 뜻으로 쓰는 말이에요.
쌓다는 '여러 개의 물건을 겹겹이 포개어 얹어 놓다', '물건을 차곡차곡 포개어 얹어서 구조물을 이루다', '경험, 기술, 업적, 지식 따위를 거듭 익혀 많이 이루다' 등의 뜻이 있어요.

예) 선물을 예쁜 포장지에 **싸** 주었다.
책가방을 미리 **싸** 두어라.
밤은 가시가 많이 난 송이에 **싸여** 있다.
접시를 여러 개 **쌓아** 두었다.
성을 튼튼히 **쌓았다.**
실력을 더 **쌓아야겠구나.**

아가/아기 명사

아가는 '어린아이의 말로, 아기를 이르는 말', '아기를 부를 때 쓰는 말', '시부모가 젊은 며느리를 친근하게 부르는 말'이에요.

아기는 '어린 젖먹이 아이', '나이가 많지 않은 딸이나 며느리를 정답게 이르는 말', '짐승의 작은 새끼나 어린 식물을 귀엽게 이르는 말'이에요.

즉 '아기'를 부르는 말이 '아가'인 것이지요. '아가에게'라거나 '아가야'라는 표현은 적절하지 않아요.

예 엄마는 "**아가**야, 이리 온." 하면서 **아기**를 불렀다. (×)
　　엄마는 "**아가**, 이리 온." 하면서 **아기**를 불렀다. (○)

아귀/아퀴 명사

아귀는 '사물의 갈라진 부분', '두루마기나 속곳의 옆을 터 놓은 구멍', '씨앗이나 줄기에 싹이 트는 곳'이라는 뜻이 있어요.

아퀴는 '일을 마무르는 끝매듭', '일이나 정황 따위가 빈틈없이 들어맞음을 이르는 말'이지요.

'아귀'는 눈에 보이는 구체적인 사물과 연관이 있고, '아퀴'는 일과 같은 추상적인 상황과 연관이 있으므로 가려 써야 해요.

예 덜컹거리는 문짝의 **아귀**를 맞추어 놓았다.
추궁하면 **아퀴**가 맞게 꾸며 댈 수 있을지 걱정이다.

아깝다/아쉽다 형용사

아깝다는 '소중히 여기는 것을 잃어 섭섭하거나 서운한 느낌이 있다', '어떤 대상이 가치 있는 것이어서 버리거나 내놓기가 싫다', '가치 있는 대상이 제대로 쓰이거나 다루어지지 못하여 안타깝다' 등의 뜻이 있어요.

아쉽다는 '필요할 때 없거나 모자라서 안타깝고 만족스럽지 못하다', '미련이 남아 서운하다'라는 뜻이에요.

상실에 대한 느낌을 나타낼 때는 '아깝다'를, 부족에 대한 느낌을 나타낼 때는 '아쉽다'를 써야 해요.

예 (속담) 쥐를 때리려 해도 접시가 **아깝다**.
  ➡ 무엇을 처리하여 없애 버려야 하나 그렇게 하면 오히려 자기에게 손해가 생길까 두려워서 이러지도 저러지도 못하고 내버려 두는 경우를 이르는 말.

(속담) **아쉬워** 엄나무 방석이라.
  ➡ 아쉬운 대로 엄나무 방석에 앉았다는 뜻으로, 마음에 들지는 않지만 어쩔 수 없어서 하게 됨을 비유적으로 이르는 말.

아끼다/위하다 동사

아끼다는 '물건이나 돈, 시간 따위를 함부로 쓰지 아니하다', '물건이나 사람을 소중하게 여겨 보살피거나 위하는 마음을 가지다'라는 뜻이에요. 대상을 함부로 다루거나 쓰지 않는다는 의미이지요.

위하다는 '이롭게 하거나 돕다', '물건이나 사람을 소중하게 여기다', '어떤 목적을 이루려고 하다'라는 뜻이에요. 대상을 이롭게 하거나 도우려 한다는 의미예요.

예 (속담) **아끼다** 똥 된다.
  ◐ 물건을 너무 아끼기만 하다가는 잃어버리거나 못 쓰게 됨을 비유적으로 이르는 말.

나라를 **위하여** 목숨을 바치다.

아득하다/아뜩하다 [형용사]

아득하다는 '보이는 것이나 들리는 것이 희미하고 매우 멀다', '까마득히 오래되다', '정신이 흐려진 상태이다' 등의 뜻이 있어요.
아뜩하다는 '갑자기 어지러워 정신을 잃고 까무러칠 듯하다'라는 뜻이에요.

예) 고향의 산과 들은 **아득한** 기억으로 남았다.
　　놀라운 소식을 듣자 벼락이 내리치는 것처럼 정신이 **아뜩하였다.**

아람/아름 [명사]

아람은 '밤이나 상수리 따위가 충분히 익어 저절로 떨어질 정도가 된 상태, 또는 그런 열매'를 가리켜요.
아름은 '두 팔을 둥글게 모아서 만든 둘레', '둘레의 길이를 나타내는 단위', '두 팔을 둥글게 모아 만든 둘레 안에 들 만한 분량을 세는 단위' 등의 뜻이 있어요.

예) 굵은 **아람**이 바람에 후두둑 떨어졌다.
　　두 **아름**도 더 되는 느티나무가 길가에 있었다.

아리다/저리다 〔형용사〕

아리다는 '혀끝을 찌를 듯이 알알한 느낌이 있다', '상처나 살갗 따위가 찌르는 듯이 아프다', '마음이 몹시 고통스럽다' 등의 뜻이 있어요.
저리다는 '뼈마디나 몸의 일부가 오래 눌려서 피가 잘 통하지 못하여 감각이 둔하고 아리다', '뼈마디나 몸의 일부가 쑥쑥 쑤시듯이 아프다', '가슴이나 마음 따위가 못 견딜 정도로 아프다'라는 뜻이 있어요.
주로 살갗 등 피부에 통증이 있을 때는 '아리다'를, 뼈나 몸속의 일부가 아플 때는 '저리다'로 써야 해요.

예 생마늘을 깨물었더니 혀가 **아렸다.**
(관용구) 발이 **저리다.**
➡ 지은 죄가 있어 마음이 조마조마하거나 편안치 아니하다.

감자 맛이 아려요.

어머니는 젊어서 고생이 많으셨죠?

그때 생각을 하면 지금도 마음이 저리단다.

아무러면/아무려면 부사/감탄사

아무러면은 '있기 어려운 경우나 상태를 가정하는 뜻을 나타내는 말'로 어떤 사실에 대한 확신을 반어적인 의문문으로 나타낼 때 써요. '설마 마른 하늘에 비가 오겠어?'처럼 설마와 비슷한 상황에서 쓸 수 있어요.

아무려면은 '말할 나위 없이 그렇다는 뜻으로, 상대편의 말에 강한 긍정을 보일 때 하는 감탄사'인 '아무렴'의 본말이에요.

예 **아무러면** 맞아 죽기야 하겠습니까?
　　아무려면 네 부탁인데 내가 나서야지!

아무튼/어쨌든 부사

아무튼은 '의견이나 일의 성질, 형편, 상태 따위가 어떻게 되어 있든'이라는 뜻이에요.
어쨌든은 '어떠한 이유 때문에', '어떠한 방법으로 하다'의 뜻이 있는 '어찌하다'에서 온 말로 '어떠한 이유 때문이든', '어떠한 방법이든'이라는 뜻이 있어요. 둘 다 의미가 유사하므로 적절한 상황에 쓰면 됩니다.

예 **아무튼**, 정말 다행이다.
밤을 새워 주는 것을 생각하면 **어쨌든** 고마운 일이다.

아직/여태 부사

아직은 '어떤 일이나 상태 또는 어떻게 되기까지 시간이 더 지나야 함을 나타내거나, 어떤 일이나 상태가 끝나지 아니하고 지속되고 있음을 나타내는 말'이에요. 즉 어떻게 되기까지 시간이 더 지나야 함을 나타낼 때 써요.

여태는 '지금까지, 또는 아직까지'의 뜻으로 어떤 행동이나 일이 이미 이루어졌어야 함에도 그렇게 되지 않았음을 불만스럽게 여기거나 또는 바람직하지 않은 행동이나 일이 현재까지 계속되어 옴을 나타낼 때 쓰는 말이에요.

예 대학생이 되려면 **아직** 멀었다.
기차 시간이 다 되어 가는데 **여태** 자고 있으면 어떡하니?

안치다/앉히다 동사

안치다는 '밥, 떡, 구이, 찌개 따위를 만들기 위하여 그 재료를 솥이나 냄비 따위에 넣고 불 위에 올리다'라는 뜻이에요.

앉히다는 '사람이나 동물이 윗몸을 바로 한 상태에서 엉덩이에 몸무게를 실어 다른 물건이나 바닥에 몸을 올려놓다', '새나 곤충 또는 비행기 따위가 일정한 곳에 내려 자기 몸을 다른 물건 위에 놓다', '건물이나 집 따위가 일정한 방향이나 장소에 자리를 잡다' 등의 뜻이 있는 '앉다'의 사동사예요.

예) 솥에 쌀을 **안친** 후에 국을 끓여라.
아이를 앞에 **앉혀** 놓고 잘못을 타일렀다.

앉다/않다 동사

앉다는 '사람이나 동물이 윗몸을 바로 한 상태에서 엉덩이에 몸무게를 실어 다른 물건이나 바닥에 몸을 올려놓다', '새나 곤충 또는 비행기 따위가 일정한 곳에 내려 자기 몸을 다른 물건 위에 놓다', '건물이나 집 따위가 일정한 방향이나 장소에 자리를 잡다' 등의 뜻이 있어요.

않다는 '어떤 행동을 안 하다', '앞말이 뜻하는 행동을 부정하는 뜻을 나타내는 말', '앞말이 뜻하는 상태를 부정하는 뜻을 나타내는 말'을 가리켜요.

例 (속담) **앉아** 삼천 리 서서 구만 리.
　　↪ 앞일을 훤히 내다보는 경우를 비유적으로 이르는 말.
　(관용구) 끄떡도 **않다.**
　　↪ 조금이라도 움직이거나 동요하지 아니하고 버티다.

앞날/뒷날/전날　명사

앞날은 '앞으로 닥쳐올 날', '일정하게 정하여진 때까지 남은 날'이라는 뜻이에요. 미래를 나타내기는 하지만 매우 추상적이며 먼 장래를 의미해요.

뒷날은 '시간이 지난 뒤에 올 날'을 가리켜요. '앞날'과는 달리 미래의 뜻만 있어요.

전날은 '일정한 날을 기준으로 한 바로 앞 날', '이전의 어느 날. 또는 얼마 전'이라는 뜻이에요. 과거의 일에만 쓰고 '바로 하루 전날'과 '막연한 지난날'이라는 뜻으로 사용해요.

예 우리 모두는 **앞날**을 생각하여 최선을 다하여야 한다.
　　뒷날은 생각지 않고 눈앞의 이익만 보고 행동해서는 안 된다.
　　어린 시절 소풍 **전날**에는 설레어 잠도 제대로 못 잤다.

앞일/뒷일 명사

앞일은 '앞으로 닥쳐올 일', '자기 앞에 주어져 있는 일'이라는 뜻이에요.
뒷일은 '어떤 일이 있은 뒤에 생기거나 일어날 일'이라는 뜻이에요.
'앞일'과 '뒷일'은 둘 다 앞으로 닥칠 일을 나타내는 낱말이지만 차이가 있어요. '앞일'은 추상적인 먼 미래의 일을 나타내며, '뒷일'은 구체적인 어떤 일의 결과나 뒷감당을 의미해요.

예 '희망'은 **앞일**에 대하여 어떤 기대를 가지고 바라는 것이다.
　　자네에게 **뒷일**을 부탁하네.

애꿎은/짓궂은 [형용사]

애꿎은은 '아무런 잘못 없이 억울하다', '그 일과는 아무런 상관이 없다'는 뜻이에요.

짓궂은은 '장난스럽게 남을 괴롭고 귀찮게 하여 달갑지 아니하다'라는 뜻이지요.

예 (속담) **애꿎은** 두꺼비 돌에 맞다.
  - 남의 분쟁이나 싸움에 관계없는 사람이 뜻밖의 피해를 봄을 비유적으로 이르는 말.

새 짝꿍이 너무 **짓궂어서** 걱정이다.

애끊다/애끓다 〔동사〕

애끊다는 '몹시 슬퍼서 창자가 끊어질 듯하다'라는 뜻이에요.
애끓다는 '몹시 답답하거나 안타까워 속이 끓는 듯하다'라는 뜻이에요.
'애끊다'는 슬픔이 원인이고, '애끓다'는 걱정이 원인이지요.

예) 그는 구성지면서도 **애끊는** 소리로 이름난 사람이다.
　　아이가 밤이 되도록 집에 오지 않자 어머니는 **애끓는** 심정이었다.

더 알아봐요!

'애끊다'와 '애끓다'의 '애'는 '창자, 쓸개, 간' 따위를 뜻하는 말이에요. 뱃속에 있는 창자가 끊어지거나 끓는다면 얼마나 아프겠어요? 그만큼 '애끊다'와 '애끓다'는 슬프거나 걱정이 커서 마음이 아프다는 뜻을 품고 있답니다. 이순신 장군이 남긴 유명한 시조에도 이런 표현이 있지요.

한산섬 달 밝은 밤에 수루에 혼자 앉아.
긴 칼 옆에 차고 깊은 시름 하는 차에
어디서 일성호가는 남의 애를 끊나니.

얇다/엷다 [형용사]

얇다는 '두께가 두껍지 아니하다', '층을 이루는 사물의 높이나 집단의 규모가 보통의 정도에 미치지 못하다', '빛깔이 연하다' 등의 뜻이 있어요. 주로 물질의 두께가 두껍지 아니한 경우에 쓰며, 대상이 구체적인 명사여야 해요.

엷다는 '빛깔이 진하지 아니하다', '두께가 적다', '밀도가 빽빽하지 아니하다'라는 뜻이에요. 주로 물질의 두께가 두껍지 아니한 경우에 쓰며, 그 대상이 빛깔·웃음 따위의 추상적인 명사여야 해요.

예 고기를 **얇게** 저며라.
　　진한 화장보다는 **엷은** 화장이 더 매력적으로 보여요.

어기다/위반하다 동사

어기다는 '규칙, 명령, 약속, 시간 따위를 지키지 아니하고 거스르다', '서로 길을 어긋나게 지나치다' 등의 뜻이 있어요. 그 구성원에 대하여 구속력이나 강제력의 강약에 관계없이 두루 쓰여요.

위반하다는 '법률, 명령, 약속 따위를 지키지 않고 어기다'라는 뜻이에요. 그 구성원에 대하여 구속력이나 강제력이 있는 것을 대상으로 하며, 약속이나 관례와 같이 구속력이 강하지 않은 것들과는 어울리지 않아요.

예 이번 달에는 마감 날짜를 **어기지** 말아 주세요.
　　이번 지시를 **위반하는** 사람은 처벌을 받을 것이오.

어느/여느 관형사

어느는 '여럿 가운데 대상이 되는 것이 무엇인지 물을 때 쓰는 말', '여럿 가운데 똑똑히 모르거나 꼭 집어 말할 필요가 없는 막연한 사람이나 사물을 이를 때 쓰는 말', '정도나 수량을 묻거나 또는 어떤 정도나 얼마만큼의 수량을 막연하게 이를 때 쓰는 말'이에요.

여느는 '그 밖의 예사로운, 또는 다른 보통의'라는 뜻이에요.

예 (속담) **어느** 구름에서 비가 올지.
  ↳ 일의 결과는 미리 짐작할 수 없다는 말.
  오늘은 **여느** 때와 다르게 아침 일찍 일어났다.

어둡다/캄캄하다 형용사

어둡다는 '빛이 없어 밝지 아니하다', '빛깔의 느낌이 무겁고 침침하다', '분위기나 표정, 성격 따위가 침울하고 무겁다' 등의 뜻이 있어요. 주로 사물을 알아보기 어려운 경우를 가리키며, 어떤 분야에 대해 조금밖에 모르거나 잘 알지 못하는 상태를 의미하기도 해요.

캄캄하다는 '아주 까맣게 어둡다', '희망이 없는 상태에 있다', '어떤 사실을 전혀 모르거나 잊은 상태이다' 등의 뜻이 있어요. '어둡다'에 상대하여 '전혀'에 초점을 두고 있어요.

예 불빛이 **어두워** 글이 잘 보이지 않는다.
(관용구) 눈앞이 **캄캄하다.**
◎ 어찌할 바를 몰라 아득하다.

어르다/으르다 동사

어르다는 '몸을 움직여 주거나 또는 무엇을 보여 주거나 들려주어서, 어린아이를 달래거나 기쁘게 하다', '사람이나 짐승을 놀리며 장난하다', '어떤 일을 하도록 사람을 구슬리다' 등의 뜻이 있어요.

으르다는 '상대편이 겁을 먹도록 무서운 말이나 행동으로 위협하다'라는 뜻이에요.

두 낱말은 형태는 비슷하지만 뜻은 완전히 다르니까 잘 구별해서 써야 해요.

예 (속담) **어르고** 뺨 치기.
➡ 그럴듯한 말로 꾀어서 은근히 남을 해롭게 함을 비유적으로 이르는 말.
제멋대로 굴어서 **을러도** 보고 달래도 보았으나 허사였다.

어름/얼음 명사

어름은 '두 사물의 끝이 맞닿은 자리', '물건과 물건 사이의 한가운데', '구역과 구역의 경계점'이라는 뜻이에요.
얼음은 '물이 얼어서 굳어진 물질', '몸의 한 부분이 얼어서 신경이 마비된 것'이라는 뜻이에요.

예) 지리산은 전라도, 충청도, 경상도 **어름**에 있는 큰 산이다.
 (속담) **얼음**에 박 밀듯.
  ○ 말이나 글을 거침없이 내리읽거나 내리외는 모양을 비유적으로 이르는 말.

업다/엎다 동사

업다는 '사람이나 동물 따위를 등에 대고 손으로 붙잡거나 무엇으로 동여매어 붙어 있게 하다', '어떤 세력을 배경으로 삼다', '남의 것을 허락도 없이 몰래 가지다' 등의 의미가 있어요.

엎다는 '물건 따위를 거꾸로 돌려 위가 밑을 향하게 하다', '그릇 따위를 부주의로 넘어뜨려 속에 든 것이 쏟아지게 하다', '제대로 있는 것을 넘어뜨리다' 등의 뜻이 있어요.

예 (속담) **업은** 아기 말도 귀담아들으랬다.
  ➡ 남이 하는 말을 신중하게 잘 들어야 함을 비유적으로 이르는 말.
그릇을 씻어 선반 위에 **엎어** 놓았다.

업다/지다 동사

업다는 '사람이나 동물 따위를 등에 대고 손으로 붙잡거나 무엇으로 동여매어 붙어 있게 하다', '어떤 세력을 배경으로 삼다', '남의 것을 허락도 없이 몰래 가지다' 등의 의미가 있어요. 등에 놓일 수 있는 대상은 사람이나 동물에 한하지만 세력이나 권력과 같은 추상적인 것이 대상이 되는 경우에는 '그것을 배경으로 삼는다'는 뜻이 있어요.

지다는 '물건을 짊어서 등에 얹다', '무엇을 뒤쪽에 두다', '줄이나 포승 따위에 묶이다' 등의 뜻이 있어요. 물건을 나르기 위한 행위를 전제로 하며 등에 놓일 수 있는 대상은 짐이나 물건에 한하며, 사람이나 해 또는 바람 따위가 대상이 되는 경우에는 그것을 등 쪽에 둔 자세가 된다는 뜻이에요.

예 야당은 여론을 등에 **업고** 정부를 비판했다.
바람을 등에 **지고** 달려서 힘이 덜 들었다.

엉기다/엉키다 동사

엉기다는 '점성이 있는 액체나 가루 따위가 한 덩어리가 되면서 굳어지다', '사람이나 동물 따위가 한 무리를 이루거나 달라붙다', '냄새나 연기, 소리 따위가 한데 섞여 본래의 성질과 달라지다' 등의 뜻이 있어요.

엉키다는 '실이나 줄, 물건 따위가 한데 뒤섞여 어지럽게 되다', '일이나 문제 따위가 서로 뒤섞여 갈피를 잡을 수 없게 되다', '감정이나 생각 따위가 뒤얽혀 갈피를 잡을 수 없게 되다' 등의 뜻이 있어요.

예 밀가루에 물을 조금 넣고 저었더니 걸쭉하게 **엉겼다**.
엉킨 실타래를 천천히 풀었다.

에다/에이다/에우다 동사

에다는 '칼 따위로 도려내듯 베다', '마음을 몹시 아프게 하다'라는 뜻이 있어요. '에다' 앞에는 '살갗', '가슴'처럼 목적어가 와야 해요.

에이다는 '에다'의 피동사이자 목적어가 필요 없는 자동사예요. 즉, 목적어가 앞에 있을 때는 '에다'를, 목적어가 앞에 놓이지 않을 때는 '에이다'를 쓰면 됩니다.

에우다는 '사방을 빙 둘러싸다', '다른 길로 돌리다', '장부 따위에서 쓸데없는 부분을 지우다' 등의 뜻이 있어요.

예 사진을 보자 가슴을 **에는** 듯한 슬픔이 몰아쳤다.
　　어찌나 추운지 살이 **에이는** 듯하다.
　　깎아지른 절벽이 성을 **에우고** 있어 요새로는 안성맞춤이다.

궁금해요! 문법 용어

자동사(自動詞)는 동작의 대상인 목적어를 필요로 하지 않고 스스로 움직임을 나타내는 동사예요. 즉 '동작이나 작용이 주어 자신에만 그칠 뿐 다른 사물에 미치지 않는 동사'를 말해요. '일찍 일어났다', '늦게 잤다'의 '일어나다'나 '자다'가 자동사예요.

타동사(他動詞)는 동작의 대상인 목적어를 필요로 하는 동사를 가리켜요. '밥을 먹다'의 '먹다', '노래를 부르다'의 '부르다' 등이 있지요. 이때 '밥'이나 '노래'가 목적어가 되지요. 목적어에는 목적어임을 나타내는 조사 '을/를'이 붙어서 쉽게 알 수 있답니다.

여위다/여의다 동사

여위다는 '몸의 살이 빠져 파리하게 되다', '살림살이가 매우 가난하고 구차하게 되다', '빛이나 소리 따위가 점점 작아지거나 어렴풋해지다' 등의 뜻이 있어요.

여의다는 '부모나 사랑하는 사람이 죽어서 이별하다', '딸을 시집보내다', '멀리 떠나보내다'는 뜻이 있지요.

예 흉년이 들어 식량이 떨어지자 몸이 **여위어** 갔다.
그는 일찍이 부모를 **여의고** 힘겹게 살아왔다.

예/옛 명사/관형사

예는 '아주 먼 과거'의 의미가 있는 명사예요.
옛은 '지나간 때의'의 뜻이 있는 관형사예요.
의미는 같지만 형태와 품사가 다르므로 가려 써야 해요. 예를 들어 '-부터'나 '-스러운' 같은 조사나 접사를 붙여 쓸 때는 명사인 '예'에 붙여 써야 해요.

예 꼼꼼한 성격은 **예**나 지금이나 조금도 달라진 것이 없다. (○)
   꼼꼼한 성격은 **옛**이나 지금이나 조금도 달라진 것이 없다. (×)
   오랜만에 만났는데 **옛** 모습이 남아 있었다.

예로부터 단오에 여자는 그네를 뛰었어요.

젊어서 그네 뛰던 옛 기억이 나는구나.

당신도 저 때 참 고왔지.

오금/장딴지/정강이/종아리 〔명사〕

다리의 아랫부분을 나타내는 낱말은 매우 다양해요.
오금은 '무릎의 구부러지는 오목한 안쪽 부분'을 가리켜요.
장딴지는 '종아리 뒤쪽의 살이 불룩한 부분'을 의미해요.
정강이는 '무릎 아래에서 앞 뼈가 있는 부분'을 가리켜요.
종아리는 '무릎과 발목 사이의 뒤쪽 근육 부분'을 나타내요. '종아리'와 '장딴지'는 거의 같은 의미예요.

예 (관용구) **오금**(을) 박다.
　◐ 큰소리치며 장담하던 사람이 그와 반대되는 말이나 행동을 할 때에, 장담하던 말을 빌미로 삼아 몹시 논박한다는 말.
등산을 하고 났더니 **장딴지**가 땅긴다.
계단에서 넘어져 **정강이**가 깨졌다.
거짓말을 해서 **종아리**를 맞았다.

오돌오돌/오들오들

오돌오돌은 '작고 여린 뼈나 말린 날밤처럼 깨물기에 조금 단단한 상태', '작은 것이 잘 삶아지지 아니한 모양', '오동통하고 보드라운 모양'을 말해요.
오들오들은 '춥거나 무서워서 몸을 잇달아 심하게 떠는 모양'을 가리켜요.

예 콩이 설익어서 **오돌오돌**해 보인다.
  감기에 몸살까지 왔는지 **오들오들** 떨면서도 땀을 흘렸다.

다르게 써요!

형태가 비슷한 말로 '오돌토돌'과 '오톨도톨'도 있어요.
오돌토돌은 '거죽이나 바닥이 고르지 아니하게 군데군데 도드라져 있는 모양'을 나타내요. '온몸에 오돌토돌 소름이 돋았다'처럼 쓸 수 있어요.
오톨도톨은 '물건의 거죽이나 바닥이 여기저기 잘게 부풀어 올라 고르지 못한 모양'을 나타내요. '오이는 표면이 오톨도톨하다'처럼 쓸 수 있어요.

오랜만/오랫동안 명사

오랜만은 '오래간만'의 준말로 '어떤 일이 있은 때로부터 긴 시간이 지난 뒤'라는 뜻이에요.
오랫동안은 '시간상으로 썩 긴 기간 동안'이라는 뜻이지요.

예) 옛 시가에는 **오랜만**에 친정에 가는 여자의 기쁨을 노래한 것도 있다.
'입에 거미줄 치다'는 가난하여 먹지 못하고 **오랫동안** 굶음을 의미한다.

오로지/오죽/오직 부사

오로지는 '오직 한 길이나 한 가지 방법으로'라는 뜻이에요.
오죽은 '동작의 강도나 상태의 정도가 대단함을 나타내는 말인 얼마나의 뜻을 나타내는 말'이에요.
오직은 '여러 가지 가운데서 다른 것은 있을 수 없고 다만'이라는 뜻입니다.

예) 교통수단이라고는 **오로지** 말뿐이었다.
오죽 힘들었으면 우리에게 그런 부탁을 했겠어?
그는 지난 몇 해 동안 **오직** 공부에만 열중했다.

옮기다/이동하다 　동사

옮기다는 '어떤 곳에서 다른 곳으로 움직여 자리를 바꾸다', '발걸음을 한 걸음 한 걸음 떼어 놓다', '관심이나 시선 따위를 하나의 대상에서 다른 대상으로 돌리다' 등의 뜻이 있어요.

이동하다는 '움직여 옮김. 또는 움직여 자리를 바꾸다', '권리나 소유권 따위가 넘어가다' 등의 뜻이 있어요.

예) 그는 전공을 법학에서 문학으로 **옮겼다**.
　　필요한 자재들을 현장으로 **이동하였다**.

옷/옻 명사

옷은 '몸을 싸서 가리거나 보호하기 위하여 피륙 따위로 만들어 입는 물건'이에요.

옻은 '옻나무에서 나는 진'으로 처음 나올 때는 회색이지만 물기를 없애면 검붉은 색으로 변해요. 물건에 칠하는 원료나 약재로 쓰여요.

예 (속담) **옷**은 시집올 때처럼 음식은 한가위처럼.
  ◐ 언제나 잘 입고 잘 먹고 싶다는 말.
  집에 **옻**을 칠한 가구를 하나 들여놓았다.

옷거리/옷걸이 (명사)

옷거리는 '옷을 입은 모양새'를 가리켜요.
옷걸이는 '옷을 걸어 두도록 만든 물건'이지요.
모두 '옷'과 관련이 있으며, 발음할 때 [옫꺼리]로 같은 소리가 나서 헷갈리는 경우가 많으므로 유의해야 해요.

예) 그는 **옷거리**가 좋은 데다 말주변이 뛰어났다.
외투를 벗어 **옷걸이**에 걸어 두어라.

왠지/웬지/웬 (부사/관형사)

왠지는 '왜 그런지 모르게, 또는 뚜렷한 이유도 없이'라는 뜻으로 본말은 '왜인지'예요.
웬지라는 낱말은 틀린 표현이에요.
웬은 '어떠한, 어찌 된'이라는 뜻의 관형사예요. '웬걸, 웬일, 웬 말' 등에 쓰인 '웬'을 연상하여 '왠지'를 '웬지'로 잘못 쓸 수 있으니 유의해야 해요.

예) 오늘따라 **왠지** 멋있어 보인다.
　　(관용구) **웬** 떡이냐.
　　▶ 뜻밖의 행운이나 횡재를 만났을 때 이르는 말.

용트림/용틀임 명사

용트림은 '거드름을 피우며 일부러 크게 힘을 들여 하는 트림'을 가리켜요.
용틀임은 '용의 모양을 틀어 새긴 장식', '이리저리 비틀거나 꼬면서 움직임' 등의 뜻이 있어요.

예 (속담) 미꾸라짓국 먹고 **용트림**한다.
　✿ 시시한 일을 해 놓고 큰일을 한 것처럼 으스대는 것을 비유적으로 이르는 말.
거대한 흑룡이 승천하기 위해 **용틀임**을 하는 것 같았다.

우거지다/우그러지다

우거지다는 '풀, 나무 따위가 자라서 무성해지다'라는 뜻이에요.
우그러지다는 '물체가 안쪽으로 우묵하게 휘어지다', '물체의 거죽이 우글쭈글하게 주름이 잡히며 줄어들다', '형세나 형편 따위가 전보다 아주 못하여지다' 등의 뜻이 있어요.

예) 고향의 집터는 잡초만 **우거져** 세월의 무상함을 느끼게 한다.
새로 산 냄비가 약간 안으로 **우그러져** 있다.

우기다/욱이다 동사

우기다는 '억지를 부려 제 의견을 고집스럽게 내세우다'라는 뜻이에요.
욱이다는 '사람이 무엇을 안쪽으로 조금 우묵하게 우구르지게 하다'는 뜻이에요.
두 낱말은 소리가 같지만 형태와 뜻이 다르므로 유의해야 해요.

예 그는 친구들에게 자신의 주장을 끝까지 **우겼다.**
모자를 **욱여서** 가방에 집어넣었다.

우멍하다/의뭉하다 _{형용사}

우멍하다는 '물건의 바닥이나 면 따위가 납작하고 우묵하다'라는 뜻이에요.
의뭉하다는 '겉으로는 어리석은 것처럼 보이면서 속으로는 엉큼하다'라는 뜻이에요.

📝 나는 다른 사람에 비해 눈이 **우멍한** 편이다.
　(속담) **의뭉한** 두꺼비 옛말 한다.
　➲ 의뭉한 사람이 남의 말이나 옛말을 끌어다가 자기가 하고 싶은 말을 함을 이르는 말.

우물/샘 명사

우물은 '물을 긷기 위하여 땅을 파서 지하수를 괴게 한 곳, 또는 그런 시설'을 가리켜요.
샘은 '물이 땅에서 솟아 나오는 곳, 또는 그 물'을 가리켜요.

예 (속담) **우물** 들고 마시겠다.
  ○ 성미가 몹시 급함을 비꼬는 말.
  (속담) **샘**을 보고 하늘을 본다.
  ○ 한없이 넓은 하늘에는 무관심하였다가 샘 속에 비친 하늘을 보고서야 비로소 하늘을 쳐다본다는 뜻으로, 늘 보고 겪는 것에 대하여 우연히 새롭게 인식하게 됨을 이르는 말.

위/웃/윗 명사/접사/접사

위는 '어떤 기준보다 더 높은 쪽, 또는 사물의 중간 부분보다 더 높은 쪽', '길고 높은 것의 꼭대기나 그쪽에 가까운 곳', '어떤 사물의 거죽이나 바닥의 표면' 등의 뜻이 있어요. 그런데 '위'가 접두사로서 뒷말과 결합하여 복합어를 이룰 때 된소리(윗간[위깐/윋 깐], 윗길[위낄/윋 낄], 등)가 되거나 'ㄴ 또는 ㄴㄴ'소리가 덧날 때(윗눈썹[윈눈썹], 윗니[윈니], 윗몸[윈몸], 윗물[윈물] 등)는 **윗**으로 적어야 해요. 그리고 '위/아래' 대립이 없는 말(웃돈[욷똔], 웃통[욷통] 등)은 **웃**으로 적어야 해요.

예 (속담) **위**에는 위가 있다.
  ▷ 최상은 쉽게 말할 수 없음을 이르는 말.
  웃어른을 공경하는 자세를 가지자.
  윗니가 썩었는지 너무 아파서 치과에 갔다.

으레/의례/의례히 부사/명사/부사

으레는 '두말할 것 없이 당연히', '틀림없이 언제나'라는 뜻의 부사예요.
의례는 '행사를 치르는 일정한 법식, 또는 정하여진 방식에 따라 치르는 행사'를 가리키는 명사예요.
의례히는 '전례에 의하여'라는 뜻이에요.
소리가 유사해서 잘못 표기하는 경우가 있는데 유의해야 해요.

예) 책상 위에 **으레** 있어야 할 책이 보이지 않았다.
제사를 지내는 **의례**를 제례라 한다.
설날이면 **의례히** 마을 어른들을 찾아가 세배를 올리곤 했다.

놀러 가요!

일요일이면 아빠는 으레 낮잠만 자요.

아이들은 주말이면 으레 놀러가는 줄 알아요.

이따가/있다가 부사/동사+어미

이따가는 '조금 지난 뒤에'라는 뜻이에요.
있다가는 '있다'에서 온 말로 '사람이나 동물이 어느 곳에서 떠나거나 벗어나지 아니하고 머물다', '사람이나 동물이 어떤 상태를 계속 유지하다', '사람, 동물, 물체 따위가 실제로 존재하는 상태이다' 등의 뜻이 있어요. 즉 '존재하다가, 머무르다가, 그 상태를 유지하다가'라는 뜻이에요.

예) **이따가** 아무도 없을 때 얘기하자.
(속담) 돈은 **있다가**도 없어지고 없다가도 생기는 법이라.
➡ 재물은 돌고 도는 것이므로 재물을 가지고 상대를 평가하는 것은 어리석은 일이라는 말.

이루다/이룩하다 동사

이루다는 '어떤 대상이 일정한 상태나 결과를 생기게 하거나 일으키거나 만들다', '뜻한 대로 되게 하다', '몇 가지 부분이나 요소들을 모아 일정한 성질이나 모양을 가진 존재가 되게 하다' 등의 뜻이 있어요.

이룩하다는 '어떤 큰 현상이나 사업 따위를 이루다', '나라, 도읍, 집 따위를 새로 세우다'라는 뜻이지요.

예 (관용구) 숲을 **이루다.**
　　↪ 많은 것이 빽빽이 들어서 있다는 뜻.
　신라는 삼국 통일을 **이룩했다.**

이제/인제 명사·부사

이제는 명사로 쓰일 때는 '바로 이때'라는 뜻이고, 부사로 쓰일 때는 '바로 이때에'의 뜻으로 지나간 때와 단절된 느낌을 주어요.
인제는 '바로 이때'라는 뜻의 명사로, '이제에 이르러'라는 뜻의 부사로 쓰여요.

예 **이제**부터 회의를 시작하겠습니다.
　(속담) **인제** 보니 수원 나그네.
　◯ 처음엔 누군지 몰라보았으나 깨달아 알고 보니 알던 사람이라는 말.

이튿날/다음날/다음 날 명사

이튿날은 '어떤 일이 있은 그다음의 날', '이틀째의 날'을 가리켜요.
다음날은 '정하여지지 아니한 미래의 어떤 날'을 가리키지요.
다음날을 띄어 쓴 **다음 날**은 '과거의 어느 특정한 날에서 하루가 지난 날'을 가리켜요.

예 밤새 비바람 소리가 거세더니 **이튿날**은 언제 그랬냐는 듯이 날씨가 화창했다.
다음날에 만나면 자세히 얘기해 줄게요.
입학 시험 합격자 발표가 있던 **다음 날** 바로 떠났다.

다르게 써요!

다음날은 오늘(말을 하고 있는 그날)을 기준으로 할 때 여러 날이 지난 막연한 미래를 나타낼 때 써요. **다음 날**처럼 띄어 쓰면 미래의 어떤 날이 아닌 과거의 어떤 날에서 하루가 지난 날을 말합니다. 그러므로 '이튿날'과 '다음 날'은 과거의 일을 말할 때 쓰고, '다음날'은 미래의 일을 나타내는 점이 달라요.

이파리/잎/잎사귀 명사

이파리는 '나무나 풀의 살아 있는 낱 잎'이라는 뜻이에요. '잎파리'는 잘못된 표현이에요.

잎은 '식물의 영양 기관의 하나'로 줄기의 끝이나 둘레에 붙어 호흡 작용과 탄소 동화 작용을 해요. 이파리를 세는 단위로도 쓰여요.

잎사귀는 '낱낱의 잎'을 가리키는 말로 주로 넓적한 잎을 가리켜요.

예 햇빛에 반짝이는 포플러 **이파리**가 가늘게 흔들렸다.
작년에 심은 사과나무의 **잎**이 무성하다.
떡갈나무 **잎사귀**를 깔고 쌀을 부어 떡을 쪄 냈다.

일/근로/노동 명사

일은 뜻이 다양해요. 대표적인 의미 몇 가지만 살펴보면, '무엇을 이루거나 적절한 대가를 받기 위하여 어떤 장소에서 일정한 시간 동안 몸을 움직이거나 머리를 쓰는 활동, 또는 그 활동의 대상', '어떤 계획과 의도에 따라 이루려고 하는 대상', '어떤 내용을 가진 상황이나 장면', '사람이 행한 어떤 행동', '해결하거나 처리해야 할 문제, 또는 처리해야 할 행사', '처한 형편이나 사정' 등이 있어요.
근로는 '부지런히 일함'이라는 뜻이에요.
노동은 '사람이 생활에 필요한 물자를 얻기 위하여 육체적 노력이나 정신적 노력을 들이는 행위', '몸을 움직여 일을 함'이라는 뜻이지요.

예 휴가도 못 가고 **일**에 파묻혀 지냈다.
임금을 깎는 바람에 종업원들이 **근로** 의욕을 잃었다.
모든 인간은 **노동**을 해야 생활을 꾸려 갈 수 있다.

다르게 써요!

일에는 소득이나 보상과 상관없는 활동이나 행동도 포함돼요. **근로**는 법적인 계약에 따라 고용되어 하는 노동을 가리켜요. **노동**은 보수와 생계를 목적으로, 일관되거나 규칙적이고 반복적인 일을 말해요.

일부러/일부로 부사 / 명사+조사

일부러는 '어떤 목적이나 생각을 가지고, 또는 마음을 내어 굳이', '알면서도 마음을 숨기고'라는 뜻이 있는 부사예요.

일부로는 '한 부분'을 나타내는 '일부'에 조사 '-로'가 결합한 어절이에요. 형태가 유사하여 헷갈리지만 속성과 뜻이 전혀 다르므로 쓰임에 유의해야 해요.

예 어머니가 나의 잘못을 알고도 **일부러** 모르는 체하는지도 모른다.
모든 종교에서 적에 대한 관용은 중요한 가르침의 **일부로** 삼고 있다.

잃다/잇다/있다/잊다 동사

잃다는 '가졌던 물건이 자신도 모르게 없어져 그것을 갖지 아니하게 되다', '땅이나 자리가 없어져 그것을 갖지 못하게 되거나 거기에서 살지 못하게 되다', '가까운 사람이 죽어서 그와 이별하다' 등의 뜻이 있어요.

잇다는 '두 끝을 맞대어 붙이다', '끊어지지 않게 계속하다', '많은 사람이나 물체가 줄을 이루어 서다' 등의 뜻이 있어요.

있다는 '사람이나 동물이 어느 곳에서 떠나거나 벗어나지 아니하고 머물다', '사람이 어떤 직장에 계속 다니다', '사람이나 동물이 어떤 상태를 계속 유지하다' 등의 뜻이 있어요.

잊다는 '한번 알았던 것을 기억하지 못하거나 기억해 내지 못하다', '기억해 두어야 할 것을 한순간 미처 생각하여 내지 못하다', '일하거나 살아가는 데 장애가 되는 어려움이나 고통, 또는 좋지 않은 지난 일을 마음속에 두지 않거나 신경 쓰지 않다' 등의 뜻이 있어요.

예 지갑을 **잃어서** 집까지 걸어왔다.
직선은 한 점과 또 다른 한 점을 **잇는** 가장 짧은 선이다.
감기에 걸려서 하루 종일 집에 **있었다.**
오늘이 친구 생일이라는 걸 깜빡 **잊었다.**

입/부리/아가리/주둥이 명사

입은 '입술에서 후두까지의 부분. 음식이나 먹이를 섭취하며, 소리를 내는 기관'을 가리켜요.

부리는 '새나 일부 짐승의 주둥이'로 길고 뾰족하며 보통 뿔의 재질과 같은 딱딱한 물질로 되어 있어요. 그리고 '어떤 물건의 끝이 뾰족한 부분', '병과 같이 속이 비고 한끝이 막혀 있는 물건에서 가느다라며 터진 다른 한끝 부분'을 이르는 말이기도 해요.

아가리는 '입을 속되게 이르는 말', '물건을 넣고 내고 하는, 병·그릇·자루 따위의 구멍의 어귀', '굴, 천막, 하수구 따위의 드나드는 어귀' 등의 뜻이 있어요.

주둥이는 '사람의 입을 속되게 이르는 말', '일부 짐승이나 물고기 따위의 머리에서, 뾰족하게 나온 코나 입 주위의 부분', '병이나 일부 그릇 따위에서 좁고 길쭉하게 나온, 담긴 물질을 밖으로 나오게 하는 부분' 등의 뜻이 있어요.

예 등산을 다녀온 다음 날 **입**이 부르텄다.
마당을 돌아다니던 닭은 마른 땅을 **부리**로 콕콕 쪼았다.
물병의 **아가리**까지 물을 가득 채웠다.
(관용구) **주둥이**를 놀리다.
➡ 말을 함부로 하는 경우를 낮잡아 이르는 말.

잇달다/잇따르다 동사

잇달다와 **잇따르다**는 형태는 다르지만 의미가 같은 유의어예요. 두 낱말 모두 '움직이는 물체가 다른 물체의 뒤를 이어 따르다', '어떤 사건이나 행동 따위가 이어 발생하다'라는 뜻이 있어요.

'잇달다'의 경우 '일정한 모양이 있는 사물을 다른 사물에 이어서 달다'라는 뜻이 있으므로 '잇따르다'와는 구별하여 써야 해요.

예 화물칸을 객차 뒤에 **잇달았다.**
　　불우 이웃에 대한 기부가 **잇따랐다.**

일제 강점기에는 의병 운동이 전국에서 잇달아 일어났어요.

나라를 구하자는 외침이 잇따랐지요.

궁금해요! 문법 용어

유의어(類義語)는 비슷한 뜻이 있는 다른 낱말을 가리켜요. 다만, 동의어(同義語)와는 차이가 있는데, 동의어는 거의 같은 뜻이 있는 다른 낱말로 어떠한 상황에서든 바꿔서 사용할 수 있는 낱말이에요. 유의어는 뜻이 비슷하나 상황에 따라 대체했을 때 어색한 경우도 있어요. 예를 들면, 어머니와 엄마는 동의어예요. 하지만 전쟁과 싸움은 유의어입니다. 싸움을 전쟁으로 표현할 수 있지만 모든 상황에서 사용할 수는 없지요.

자갈/재갈 명사

자갈은 '강이나 바다의 바닥에서 오랫동안 갈리고 물에 씻겨 반질반질하게 된 잔돌', '자질구레하고 아무렇게나 생긴 돌멩이'를 가리켜요.

재갈은 '말을 부리기 위하여 아가리에 가로 물리는 가느다란 막대'로 보통 쇠로 만들었는데 굴레가 달려 있어 여기에 고삐를 매요. 또 '소리를 내거나 말을 하지 못하도록 사람의 입에 물리는 물건'이라는 뜻도 있어요.

예 반질반질한 **자갈**에서 세월의 흐름을 느낀다.

(속담) **재갈** 먹인 말 같다.
➡ 말문이 막혀 아무 소리도 못한다는 말.

자꾸/자주 부사

자꾸는 '여러 번 반복하거나 끊임없이 계속하여'라는 뜻이에요. 잇따라 계속되는 경우에 쓰여요.

자주는 '같은 일을 잇따라 잦게'의 뜻으로, 짧게 여러 번 되풀이될 때에 쓰입니다.

예 감기가 심해져서 **자꾸** 기침이 나온다.

(속담) 구름이 **자주** 끼면 비가 온다.

➡ 일정한 징조가 있으면 그에 따르는 결과가 있기 마련임을 비유적으로 이르는 말.

자라다/커지다 　동사

자라다는 '생물체가 세포의 증식으로 부분적으로 또는 전체적으로 점점 커지다', '생물이 생장하거나 성숙하여지다', '세력이나 역량 따위가 커지거나 높아지다' 등의 뜻이 있어요.

커지다는 '크게 되다'라는 뜻이에요. 주로 물체의 부피나 길이, 무게 등이 이전보다 더 큰 상태가 되었을 때 사용해요.

예 너른 들녘에 오곡이 무럭무럭 **자라고** 있다.
　　연필은 깎을수록 작아지지만 구멍은 깎을수록 **커진다.**

나무가 이만큼 자랐구나.

나무보다 더 자랄 거예요.

작다/잘다/적다 형용사

작다는 '길이, 넓이, 부피 따위가 비교 대상이나 보통보다 덜하다', '정하여진 크기에 모자라서 맞지 아니하다', '일의 규모, 범위, 정도, 중요성 따위가 비교 대상이나 보통 수준에 미치지 못하다' 등의 뜻으로 반대말은 '크다'예요.

잘다는 '알곡이나 과일, 모래 따위의 둥근 물건이나 글씨 따위의 크기가 작다', '길이가 있는 물건의 몸피가 가늘고 작다', '일이 작고 소소하다'라는 뜻이에요.

적다는 '수효나 분량, 정도가 일정한 기준에 미치지 못하다'라는 뜻으로 반의어는 '많다'예요.

예 (속담) **작아도** 콩 싸라기 커도 콩 싸라기.
  ○ 별 차이 없이 거의 비슷함을 이르는 말.

  사과 알이 너무 **잘아서** 맛이 없었다.

  (속담) **적은** 밥이 남는다.
  ○ 적은 것을 가지고 서로 양보하는 경우를 비유적으로 이르는 말.

잠그다/채우다 동사

잠그다는 '여닫는 물건을 열지 못하도록 자물쇠를 채우거나 빗장을 걸거나 하다', '물, 가스 따위가 흘러나오지 않도록 차단하다', '옷을 입고 단추를 끼우다' 등의 뜻이 있어요. 물이나 가스 등이 통하지 못하게 할 때도 써요.

채우다는 '자물쇠 따위로 잠가서 문이나 서랍 따위를 열지 못하게 하다', '단추 따위를 구멍 같은 데에 넣어 걸다', '돌리거나 틀어서 움직이거나 작동하지 않게 하다' 등의 뜻이 있어요.

예 수도꼭지를 **잠그는** 것을 자주 잊는다.
  추울 때는 단추를 목까지 단단하게 **채워야** 한다.

장사/장수 　명사

장사는 '이익을 얻으려고 물건을 사서 팖, 또는 그런 일'을 가리켜요.
장수는 '장사하는 사람'을 가리키는 낱말이에요.
일을 가리키는 표현과 사람을 가리키는 표현으로 서로 다르기 때문에 유의해야 해요.

예 (속담) **장사** 웃덮기다.
　▷ 팔 물건을 진열할 때 좋고 성한 것을 골라 겉에다 놓는다는 뜻으로, 겉모양만 허울 좋게 꾸미는 경우를 비유적으로 이르는 말.

엿장수 가위 소리에 어릴 적 추억이 떠올랐다.

다르게 써요!

장사는 '몸이 우람하고 힘이 아주 센 사람'이라는 뜻도 있어요. 예를 들어 '그 아이는 어릴 적부터 동네에서 제일 힘 센 장사였다'처럼 써요.
장수는 '군사를 거느리는 우두머리'라는 뜻도 있어요. 예를 들어 '용감한 장수가 앞장서서 전쟁에서 승리를 거두었다'처럼 써요.

-장이/-쟁이 접사

-**장이**는 '그것과 관련된 기술을 가진 사람'이라는 뜻을 더하는 접미사예요. 손으로 물건을 만들거나 고치는 일을 직업으로 가진 기술자를 가볍게 이르는 말로 주로 직업을 나타낼 때는 '-장이'가 붙습니다. 집을 지을 때 벽에 흙 따위를 바르는 사람은 '미장이'이고, 옹기를 전문적으로 만드는 사람은 '옹기장이'예요. 또 간판을 그리거나 만들어 파는 일을 하는 사람은 '간판장이'지요.

-**쟁이**는 '그것이 나타내는 속성을 많이 가진 사람'이라는 뜻을 더하는 접미사예요. 생긴 모양이나 성질, 습관 행동 따위가 유별난 사람을 가볍게 이르는 말이에요. '요술쟁이', '개구쟁이', '월급쟁이'(회사원 등을 낮춰 부르는 말), '환쟁이'(그림 그리는 사람을 낮춰 부르는 말), '글쟁이'(작가 등을 낮춰 부르는 말) 등이 있지요.

예 요즘에는 땜**장이**를 찾기가 힘들어요.
　내 동생은 고집**쟁이**에 떼**쟁이**예요.

저러다/저렇다 동사/형용사

저러다는 '저렇게 하다'라는 뜻의 동사 '저리하다'의 준말이에요. 사람의 동작을 전제로 할 때 쓰여요.

저렇다는 '성질, 모양, 상태 따위가 저와 같다'라는 뜻의 형용사예요. '저러하다'가 줄어든 말로 사물의 모양이나 상태, 성질을 전제로 하여 쓰입니다.

예 저 사람은 왜 자꾸 **저러는지** 모르겠다.
　 모양은 **저렇지만** 성능은 아주 뛰어나다.

저리다/절이다 동사

저리다는 '뼈마디나 몸의 일부가 오래 눌려서 피가 잘 통하지 못하여 감각이 둔하고 아리다', '뼈마디나 몸의 일부가 쑥쑥 쑤시듯이 아프다', '가슴이나 마음 따위가 못 견딜 정도로 아프다' 등의 뜻이 있어요.

절이다는 '푸성귀나 생선 따위에 소금기나 식초, 설탕 따위가 배어들도록 하다'는 뜻이에요.

두 낱말이 소리는 같지만 형태와 뜻은 완전히 다르므로 잘 구별해야 해요.

예 (관용구) 뒤가 **저리다.**
  ➪ 자기가 한 말이나 행동이 나중에 잘못될까 봐 마음이 조마조마하거나 두려운 느낌이 있다.

김치를 담글 때는 배추를 소금에 알맞게 **절여야** 한다.

저지난달/지지난달　명사

저지난달은 '이삼 개월 전의 달'을 가리켜요.
지지난달은 '지난달의 바로 전달'을 가리키지요.
'저지난달'은 '지지난달'을 포함하면서 그 전달까지를 가리키므로 범위가 좀 더 넓지요.

예) 우연히 고향 친구를 만난 게 **저지난달**쯤인 것 같다.
　　지지난달부터 도서관에 다니기 시작했으니, 이제 석 달째이다.

적시다/축이다 동사

적시다는 '물 따위의 액체를 묻혀 젖게 하다', '긴장하거나 딱딱하였던 감정, 정서, 지친 마음 따위를 부드러워지게 하다', '(비유적으로) 어떤 색깔이나 느낌으로 물들게 하다'라는 뜻이에요. 즉 물체의 내부로 물기가 배어들게 하거나 물체의 표면에 물이 묻거나 번져 있는 상태로 만드는 경우를 뜻할 때 쓰여요.
축이다는 '물 따위에 적시어 축축하게 하다'라는 뜻이에요. 주로 건조한 물체에 비교적 적은 양의 물을 뿌리거나 뿜거나 하여 물체의 표면을 물기가 있는 상태로 만들려는 경우를 뜻할 때 쓰이지요.

(예) 커피를 엎질러 치마를 **적셨다**.

(관용구) 목을 **축이다**.

➡ 목이 말라 물 따위를 마시다.

절다/배다 동사

절다는 '푸성귀나 생선 따위에 소금기나 식초, 설탕 따위가 배어들다', '땀이나 기름 따위의 더러운 물질이 묻거나 끼어 찌들다', '사람이 술이나 독한 기운에 의하여 영향을 받게 되다' 등의 뜻이 있어요. 간혹 '쩔다' 혹은 '쩐다'로 쓰이는데, 잘못된 표현이에요.

배다는 동음이의어로 의미가 다양하지만 여기서는 '스며들거나 스며 나오다', '버릇이 되어 익숙해지다', '냄새가 스며들어 오래도록 남아 있다'라는 의미가 있어요.

예 기름때에 **전** 아버지의 작업복을 보니 눈물이 핑 돌았다.

(관용구) 몸에 **배다.**
　○ 여러 번 겪거나 치러서 아주 익숙해지다.

젓/젖 명사

젓은 '새우·조기·멸치 따위의 생선이나, 조개·생선의 알·창자 따위를 소금에 짜게 절이어 삭힌 음식'을 가리켜요. 양념을 넣어서 만들기도 하고 먹기 전에 양념을 하기도 해요.

젖은 '분만 후에 포유류의 유방에서 분비하는 유백색의 불투명한 액체'를 가리키지요. 젖은 단백질, 지방, 당분 따위를 많이 함유하여 자식이나 새끼를 양육하는 먹이가 됩니다.

예) 어리**젓**은 소금을 약간 뿌려서 절여 담근 것이에요.

(속담) **젖** 먹던 힘이 다 든다.
➡ 무슨 일이 몹시 힘듦을 비유적으로 이르는 말.

젓다/젖다 동사

젓다는 '액체나 가루 따위가 고르게 섞이도록 손이나 기구 따위를 내용물에 넣고 이리저리 돌리다', '배나 맷돌 따위를 움직이기 위하여 노나 손잡이를 일정한 방향으로 계속 움직이다', '거절하거나 싫다는 표시로 머리나 손을 흔들다' 등의 뜻이 있어요.

젖다는 '물이 배어 축축하게 되다', '어떤 영향을 받아 몸에 배다', '어떤 심정에 잠기다'라는 뜻이에요.

형태는 다르지만 소리가 같아 혼동할 수 있으므로 유의해야 해요.

예 물에 꿀을 넣고 잘 **저은** 다음에 마셨다.
라디오에서 나오는 음악을 들으며 추억에 **젖었다.**

제비초리/제비추리 명사

제비초리는 '뒤통수나 앞이마의 한가운데에 골을 따라 아래로 뾰족하게 내민 머리털'을 가리켜요. '초리'는 '어떤 물체의 가늘고 뾰족한 끝부분'이에요. 그러므로 제비초리는 마치 제비꼬리처럼 머리털 모양이 뾰족하다는 뜻이지요.

제비추리는 '소의 안심에 붙은 고기'를 가리켜요. 갈비와 목뼈 부분이 닿은 부분에서 얻는데, 손으로 잡아 추렸다 해서 제비추리라는 설도 있고, 제비가 날개를 편 것 같이 날씬하고 긴 모양이라고 해서 '제비추리'라고 불리게 되었다는 설도 있어요.

예 머리를 짧게 자르자 **제비초리**가 드러났다.
   부드러운 **제비추리**는 구워 먹기에 제격이다.

조그만/조금만 　형용사 / 명사+보조사

조그만은 '조금 작거나 적은', '그리 대단하지 아니한'이라는 뜻을 지닌 '조그마한'의 준말이에요.

조금만은 '적은 정도나 분량', '짧은 동안', '정도나 분량이 적게'라는 뜻이 있는 '조금'에 '다른 것으로부터 제한하여 어느 것을 한정함을 나타내는 보조사', '무엇을 강조하는 뜻을 나타내는 보조사', '화자가 기대하는 마지막 선을 나타내는 보조사'인 '-만'이 결합하여 이루어진 어절이에요.

예 (속담) **조그만** 실뱀이 온 바닷물을 흐린다.
　　➡ 못된 사람 하나가 온 집안이나 사회 전체를 망친다는 말.
　정상에 다 왔으니 **조금만** 더 힘내라.

조르다/조리다/조이다/졸이다 동사

조르다는 '다른 사람에게 차지고 끈덕지게 무엇을 자꾸 요구하다'라는 뜻이에요.

조리다는 '고기나 생선, 채소 따위를 양념하여 국물이 거의 없게 바짝 끓이다'라는 뜻이에요.

조이다는 '느슨하거나 헐거운 것이 단단하거나 팽팽하게 되다. 또는 그렇게 되게 하다', '차지하고 있는 자리나 공간이 좁아지다. 또는 그렇게 되게 하다', '마음이 긴장되다. 또는 그렇게 되게 하다'라는 뜻이 있어요.

졸이다는 '찌개, 국, 한약 따위의 물이 증발하여 분량이 적어지다', '(속되게) 위협적이거나 압도하는 대상 앞에서 겁을 먹거나 기를 펴지 못하다'라는 뜻이 있는 '졸다'의 사동사예요.

예) 몹시 **조르는** 바람에 허락하고 말았다.

쇠고기와 삶은 달걀을 간장에 **조렸다.**

(관용구) 고삐를 **조이다.**
○ 사태를 조금도 늦추지 않고 긴장되게 하다.

(관용구) 간을 **졸이다.**
○ 매우 걱정되고 불안스러워 마음을 놓지 못하다.

조름/졸음 동사·명사/명사

조름은 '다른 사람에게 차지고 끈덕지게 무엇을 자꾸 요구하다'라는 뜻이 있는 '조르다'의 명사형이며, '물고기 아가미의 숨을 쉬는 기관', '소의 염통에 붙은 고기의 한 가지' 등 여러 가지 뜻이 있는 동음이의어예요.

졸음은 '잠이 오는 느낌이나 상태'를 가리키는 말로 동사인 '졸다'에서 파생한 명사예요.

예 '오복조림'은 심하게 **조름**을 나타내는 말이다.
동생은 **졸음**을 참아 가며 밤새워 공부했다.

좇다/쫓다 동사

좇다는 '목표, 이상, 행복 따위를 추구하다', '남의 말이나 뜻을 따르다', '규칙이나 관습 따위를 지켜서 그대로 하다' 등의 뜻이 있어요.
쫓다는 '어떤 대상을 잡거나 만나기 위하여 뒤를 급히 따르다', '어떤 자리에서 떠나도록 몰다', '밀려드는 졸음이나 잡념 따위를 물리치다' 등의 뜻이 있어요.

예 돈보다는 명예를 **좇아** 맡은 일에 최선을 다하겠다.
그 영화는 **쫓고** 쫓기는 숨 막히는 추격전이 볼 만하다.

주검/죽음 명사

주검은 죽음으로 인한 '시신'을 가리키는 말이에요. 동의어로 '송장'이 있어요.
죽음은 '죽는 일 즉, 생물의 생명이 없어지는 현상'을 말해요.

예 안타깝게도 그는 싸늘한 **주검**으로 발견되었다.
친구의 갑작스러운 **죽음**은 모두에게 충격이었다.

주전부리/군것질 명사

주전부리는 '때를 가리지 아니하고 군음식을 자꾸 먹음, 또는 그런 입버릇', '맛이나 재미, 심심풀이로 먹는 음식'이라는 뜻이 있어요. 점잖지 않게 군음식을 먹을 때 쓰는 표현이에요.

군것질은 '끼니 외에 과일이나 과자 따위의 군음식을 먹는 일'을 가리켜요. 비슷한 말로 '입치레'가 있는데, 주로 사서 먹는 것을 가리키지요.

예 어렸을 적엔 생과자나 찹쌀떡으로 **주전부리**하였다.
　　하루 종일 **군것질**만 하니 밥맛이 있을 리가!

주리다/줄이다 동사

주리다는 '제대로 먹지 못하여 배를 곯다', '원하는 것을 얻지 못하여 몹시 아쉬워하다'라는 뜻이에요.

줄이다는 '물체의 길이나 넓이, 부피 따위가 본디보다 작아지게 하다', '수나 분량이 본디보다 적어지게 하다', '힘이나 세력 따위가 본디보다 못하게 되다'라는 뜻이 있어요.

예 (속담) **주린** 고양이가 쥐를 만났다.
　　⊙ 놓칠 수 없는 좋은 기회를 만났다는 말.
　어머니는 형의 옷을 **줄여** 나에게 입히곤 했다.

지그시/지긋이 부사

지그시는 '슬며시 힘을 주는 모양', '조용히 참고 견디는 모양'을 의미하는 부사예요.
지긋이는 역시 부사로, '나이가 비교적 많아 듬직하게', '참을성 있게 끈질기게'라는 뜻이 있어요. 형용사 '지긋하다'에서 파생한 부사이므로 대상은 나이와 관계된 말이어야 해요.

예 눈을 **지그시** 감고 생각에 잠긴 모습이 평화로웠다.
　　나이답지 않게 **지긋이** 앉아서 이야기가 끝나길 기다렸다.

지어/지워 동사

지어는 '재료를 들여 밥, 옷, 집 따위를 만들다', '여러 가지 재료를 섞어 약을 만들다', '시, 소설, 편지, 노래 가사 따위와 같은 글을 쓰다'의 뜻이 있는 '짓다'의 활용형이에요.

지워는 '쓴 글씨나 그린 그림, 흔적 따위를 지우개나 천 따위로 보이지 않게 없애다', '생각이나 기억 따위를 의식적으로 없애거나 잊어버리다', '감정이나 표정 따위를 사라지게 하다'의 뜻이 있는 '지우다'의 활용형이에요. 그리고 '물건을 짊어서 등에 얹다', '무엇을 뒤쪽에 두다', '줄이나 포승 따위에 묶이다' 등의 뜻도 있어요.

예 내 이름은 할아버지가 **지어** 주셨다.
거센 바람이 불어와 모래 위의 발자국을 **지워** 버렸다.

지피다/집히다/짚이다 동사

지피다는 '아궁이나 화덕 따위에 땔나무를 넣어 불을 붙이다'라는 뜻이에요.
집히다는 '손가락이나 발가락으로 물건을 잡아서 들다', '기구로 물건을 마주 잡아서 들다', '지적하여 가리키다'의 뜻이 있는 '집다'의 피동사예요.
짚이다는 '헤아려 본 결과 어떠할 것으로 짐작이 가다'라는 뜻이지요.

예 (관용구) 심장에 불을 **지피다**.
  ○ 사람의 마음을 일어나게 하다.
  주머니에서 **집히는** 대로 물건을 꺼내 놓았다.
  이번 일은 도무지 **짚이는** 데가 없다.

질리다/찔리다 동사

질리다는 '놀라거나 두려워서 기가 막히거나 풀이 꺾이거나 하다', '어떤 일이나 음식 따위에 싫증이 나다', '몹시 놀라거나 무서워 얼굴빛이 변하다' 등의 뜻이 있어요.

찔리다는 '끝이 뾰족하거나 날카로운 것으로 물체의 겉면이 뚫어지거나 쑥 들어가게 되다' 또는 '감정 따위를 세게 자극 받다' 등의 뜻이 있어요.

두 낱말은 단순한 강약의 의미가 아닌 전혀 다른 낱말이므로 유의해야 해요.

예 잔뜩 겁에 **질렸다**.

국수만 며칠 먹었더니 밀가루 음식이 **질렸다**.

공포 영화를 보고 얼굴이 창백하게 **질렸다**.

손가락을 바늘에 **찔렸다**.

거짓말을 해서 양심에 **찔린다**.

이제 고기 반찬은 질렸어.

가난한 나라 아이들을 생각해 봐.

양심에 찔리지도 않니?

진짜/참 명사·부사

진짜는 '본뜨거나 거짓으로 만들어 낸 것이 아닌 참된 것', '꾸밈이나 거짓이 없이 참으로(=진짜로)'의 뜻이 있어요.

참은 '사실이나 이치에 조금도 어긋남이 없는 것', '사실이나 이치에 조금도 어긋남이 없이 과연(=참으로)' 등의 뜻이 있어요.

예 이 도자기는 **진짜** 고려청자야.
너 **진짜** 혼자서 집에 갈 거니?
인생에서 거짓 없는 **참**을 따라야 한다.
참 감사합니다.

아기가 진짜 예쁘구나.

바쁠 텐데 돌잔치에 와 줘서 참 고마워.

다르게 써요!

참은 감탄사로 쓰이는 경우도 있어요. '잊고 있었거나 별생각 없이 지내던 것이 문득 생각할 때 내는 소리'(참, 숙제 해 왔어?), '매우 딱하거나 어이가 없을 때 내는 소리'(이것 참! 야단났군.), '감회가 새롭거나 조금 감탄스러울 때 나오는 소리'(참, 비가 시원하게도 내린다.), '매우 귀찮을 때 내는 소리'(아이 참, 그만해!) 등으로 쓸 수 있답니다.

집다/짚다 동사

집다는 '손가락이나 발가락으로 물건을 잡아서 들다', '기구로 물건을 마주 잡아서 들다', '지적하여 가리키다' 등의 뜻이 있어요.

짚다는 '바닥이나 벽, 지팡이 따위에 몸을 의지하다', '손으로 이마나 머리 따위를 가볍게 눌러 대다', '여럿 중에 하나를 꼭 집어 가리키다' 등의 뜻이 있어요.

예 동생은 젓가락으로 반찬을 제대로 **집지** 못한다.

(관용구) **짚고** 넘어가다.
 ⇒ 어떤 일을 따질 것은 따지고 넘어가다.

음식은 손으로 집어 먹지 마라.

지팡이 짚고 마실 다녀오마.

짓다/짖다/짙다 　동사/동사/형용사

짓다는 '재료를 들여 밥, 옷, 집 따위를 만들다', '여러 가지 재료를 섞어 약을 만들다', '시, 소설, 편지, 노래 가사 따위와 같은 글을 쓰다' 등의 뜻이 있어요.
짖다는 '개가 목청으로 소리를 내다', '까마귀나 까치가 시끄럽게 울어서 지저귀다', '(낮잡는 뜻으로) 떠들썩하게 지껄이다' 등의 뜻이 있어요.
짙다는 '빛깔을 나타내는 물질이 많이 들어 있어 보통 정도보다 빛깔이 강하다', '털 따위가 일정한 공간이나 범위에 많이 들어 있어 보통 정도보다 빛깔이 강하다', '그림자나 어둠 같은 것이 아주 뚜렷하거나 빛깔에 아주 검은색이 있다' 등의 뜻이 있어요.

예 (속담) **지어** 놓은 밥도 먹으라는 것 다르고 잡수라는 것 다르다.
　○ 같은 것을 대접하여도 예절을 지켜 공손하게 대하는 것과 그렇지 못한 것이 상대편에게 주는 영향에 큰 차이가 있음을 비유적으로 이르는 말.
(속담) **짖는** 개는 물지 않는다.
　○ 겉으로 떠들어 대는 사람은 도리어 실속이 없다는 말.
얼굴이 누렇게 떠 병색이 **짙을** 때, '얼굴에 외꽃이 피었다'고 한다.

짝짜꿍/짝짜꿍이 명사

짝짜꿍은 '젖먹이가 손뼉을 치는 재롱', '말이나 행동에서 서로 짝이 잘 맞는 일'이라는 뜻이에요.
짝짜꿍이는 '끼리끼리만 내통하거나 어울려서 손발을 맞추는 일', '옥신각신 다투는 일'을 가리켜요. 짝짜꿍이는 부정적인 의미로 자주 사용되므로 가려 써야 해요.

예 우리 조카는 **짝짜꿍**을 정말 잘해.
(관용구) **짝짜꿍이**가 벌어지다.
➡ 여러 사람이 시끄럽게 떠들거나, 서로 다투어 왁자지껄하여지다.

찢다/찧다 동사

찢다는 '물체를 잡아당기어 가르다', '(비유적으로) 날카로운 소리가 귀를 심하게 자극하다' 등의 뜻이 있어요.

찧다는 '곡식 따위의 껍질을 벗기거나 빻으려고 절구에 담고 공이로 내리치다', '무거운 물건을 들어서 아래 있는 물체를 내리치다', '마주 부딪다' 등의 뜻이 있어요.

형태는 다르지만 소리가 같아 잘못 쓸 수 있으므로 유의해야 해요.

예 (관용구) 가슴을 **찢다**.
⇨ 슬픔이나 분함 때문에 가슴이 째지는 듯한 고통을 주다.

(관용구) 입방아를 **찧다**.
⇨ 말을 방정맞게 자꾸 하다.

처-/쳐 접사/동사

처-는 다른 낱말의 앞에 붙어서 '마구' 또는 '많이'의 뜻을 더해 주는 말이에요. 쳐는 '손이나 손에 든 물건이 세게 닿거나 부딪게 하다', '손이나 물건 따위를 부딪쳐 소리 나게 하다', '손이나 손에 든 물건으로 물체를 부딪게 하는 놀이나 운동을 하다'의 뜻이 있는 '치다'의 활용형이에요. 주로 다른 동사의 앞에 결합하여 쓰입니다.

예 욕심 사납게 마구 먹을 때, **처**먹는다고 한다.
그들은 위험을 무릅쓰고 적을 **쳐**부수었다.

추기다/추키다/축이다/치키다　동사

추기다는 '다른 사람을 꾀어서 무엇을 하도록 하다'라는 뜻이에요. 꼬드긴다는 뜻이지요.
추키다는 '위로 가뜬하게 치올리다', '힘 있게 위로 끌어 올리거나 채어 올리다', '값을 많이 올려 매기다' 등의 뜻이 있어요.
축이다는 '물 따위에 적시어 축축하게 하다'라는 뜻이에요.
치키다는 '위로 향하여 끌어 올리다'를 가리켜요.

예) 달콤한 말로 친구를 **추기어서** 함께 놀러 갔다.
　　나는 싸우다 그의 멱살을 **추켜** 쥐었다.
　(관용구) 목을 **축이다.**
　　　◎ 목이 말라 물 따위를 마시다.
　　병사들은 겨누고 있던 총부리를 하늘로 **치켰다.**

목 좀 축이고 갈 수 있을까요?

치다/치이다 동사

치다는 '손이나 손에 든 물건이 세게 닿거나 부딪게 하다', '손이나 물건 따위를 부딪쳐 소리 나게 하다', '손이나 손에 든 물건으로 물체를 부딪게 하는 놀이나 운동을 하다' 등의 뜻이 있어요.

치이다는 '무거운 물건에 부딪히거나 깔리다', '덫 따위에 걸리다', '어떤 힘에 구속을 받거나 방해를 당하다' 등의 뜻이 있어요.

예 (속담) **치러** 갔다가 맞기도 예사.
　⇨ 남에게 무엇을 요구하러 갔다가 도리어 요구를 당하는 일도 흔히 있다는 말.
　요즘 일에 **치여** 사느라고 다른 생각은 전혀 못해.
　횡단보도를 건널 때에는 차에 **치이지** 않도록 잘 살펴야 한다.

터지다/튿어지다 동사

터지다는 '둘러싸여 막혔던 것이 갈라져서 무너지다. 또는 둘러싸여 막혔던 것이 뚫어지거나 찢어지다', '거죽이나 겉이 벌어져 갈라지다', '흔솔이나 꿰맨 자리가 뜯어져 갈라지다' 등의 뜻이 있어요. 바지나 치마의 단이 터졌을 때, '튿어지다'나 '뜯어지다'를 쓰는 것은 적절하지 않아요. 튿어지다는 잘못된 표현이에요.

예 바짓가랑이가 **터진** 줄 모르고 며칠째 입고 다녔다. (○)
바짓가랑이가 **튿어진** 줄 모르고 며칠째 입고 다녔다. (×)

턱거리/턱걸이 명사

턱거리는 '남에게 무턱대고 억지로 떼를 쓸 만한 근거나 핑계'를 가리키는 낱말이에요. 한의학에서는 '풍열(風熱)로 인하여 턱 아래에 생기는 종기'를 뜻하기도 해요.

턱걸이는 '철봉을 손으로 잡고 몸을 올려 턱이 철봉 위까지 올라가게 하는 운동', '씨름에서, 손으로 상대편 턱을 걸어서 밀어 넘어뜨리는 기술' 또한 '어떤 기준에 겨우 미침'을 비유적으로 이르는 말이에요.

예) 그는 성이 차지 않는지 **턱거리**를 찾는 모습이었다.
　　우리 축구팀은 **턱걸이**로 8강에 들었다.

퉁기다/튀기다 동사

퉁기다는 '버티어 놓거나 잘 짜인 물건을 틀어지거나 쑥 빠지게 건드리다', '다른 사람의 요구나 의견을 거절하다', '뼈의 관절을 크게 어긋나게 하다' 등의 뜻이 있어요.

튀기다는 동음이의어로 '힘을 모았다가 갑자기 탁 놓아 내뻗치거나 튀게 하다', '도둑이나 짐승 따위를 건드려서 갑자기 튀어 달아나게 하다'의 뜻이 있어요. 또한 '끓는 기름에 넣어서 부풀어 나게 하다', '마른 낟알 따위에 열을 가하여서 부풀어 나게 하다'의 뜻도 있지요.

흔히 쓰는 '튕기다'는 '퉁기다'와 '튀기다'의 의미로 두루 쓰여요.

예 솜씨 없는 목수가 멀쩡한 서랍을 아주 못 쓰게 **퉁겨** 놓았다.
　나는 신이 나서 침을 **튀겨** 가며 설명했다.

틀어쥐다/틀어지다 동사

틀어쥐다는 '단단히 꼭 쥐다', '무엇을 완전히 자기 마음대로 하다'라는 뜻이에요.

틀어지다는 '어떤 물체가 반듯하고 곧바르지 아니하고 옆으로 굽거나 꼬이다', '꾀하는 일이 어그러지다', '본래의 방향에서 벗어나 다른 쪽으로 나가다' 등의 뜻이 있어요.

예 (관용구) 고삐를 **틀어쥐다**.
 ↳ 어떤 일을 틀어쥐고 능동적으로 힘차게 해 나가다.

목재를 햇볕에 너무 오래 노출시키면 약간씩 **틀어진다**.

푸드덕/푸드득 부사

푸드덕은 '큰 새가 힘 있게 날개를 치는 소리, 또는 그 모양', '큰 물고기가 힘 있게 꼬리를 치는 소리, 또는 그 모양'을 가리켜요. 작은 말은 '포드닥'이지요. 푸드득은 '든든하고 질기거나 번드러운 물건을 되게 문지르거나 마주 갈 때 나는 소리', '무른 똥을 힘들여 눌 때 나는 소리'로 '부드득'보다 거센 느낌을 주지요.

예) 날이 밝아오자 수탉이 **푸드덕** 홰를 쳤다.
새로 산 옷을 비비자 **푸드득** 소리가 났다.

피다/펴다 동사

피다는 '꽃봉오리 따위가 벌어지다', '연탄이나 숯 따위에 불이 일어나 타다', '사람이 살이 오르고 혈색이 좋아지다', '구름이나 연기 따위가 커지다', '가정이 수업이 늘어나 형편이 나아지다' 등의 뜻이 있어요.

펴다는 '접히거나 개킨 것을 벌리다', '구김이나 주름을 없애어 반반하게 하다', '움츠리거나 구부리거나 오므라든 것을 벌리다', '생각, 감정, 기세 따위를 자유롭게 표현하다', '넓게 늘어놓거나 골고루 헤쳐 놓다' 등의 뜻이 있어요.

예 꽃이 활짝 **피었다**.
숯불을 **피워** 고기를 구웠다.
아기가 잘 먹어서 얼굴이 **피었다**.
아침 안개가 자욱하게 **피었다**.
요즘 형편이 **피어서** 살기가 좋아졌다.
우산을 **펴다**.
다리미로 구김살을 **펴다**.
주먹을 **펴다**.
네 뜻을 **펴라**.
마당에 돗자리를 **펴다**.

하릴없이/할 일 없이

하릴없이는 '달리 어떻게 할 도리가 없이', '조금도 틀림이 없이'라는 뜻의 부사예요.

할 일 없이는 세 개의 낱말이 결합되어 있는 구(句)로 '할 일이 없어서 한가하게 지내다'라는 뜻이에요. 하나의 낱말이 아니므로, 세 어절로 띄어 써야 하지요.

예 그저 **하릴없이** 발품만 들였지 된 일은 아무것도 없다.
한창 나이에 **할 일 없이** 빈둥거리는 것도 고역이다.

하므로/함으로 동사

하므로는 동사 '하다'의 어간인 '하-'에 '까닭이나 근거를 나타내는 연결 어미' '-므로'가 붙은 말이에요. 따라서 '하므로'는 '하기 때문에' 정도의 의미를 갖게 돼요.

함으로는 동사 '하다'의 명사형 '함'에 '어떤 물건의 재료나 원료를 나타내는 격 조사', '어떤 일의 수단·도구를 나타내는 격 조사'를 가리키는 '으로'가 붙은 형태예요. 따라서 '함으로'는 '하는 것으로(써)'의 뜻을 갖게 됩니다.

문장 앞부분이 뒷부분의 '이유나 원인'이 되면 '하므로'를 쓰고, 문장 앞부분이 뒷부분의 '수단, 도구, 재료'가 될 때는 '함으로'를 쓰면 됩니다. 그리고 '하므로' 뒤에는 '-써'가 붙지 못하고, '함으로'에만 '-써'가 붙어요.

예 오목렌즈는 빛을 발산하는 작용을 **하므로** 근시 교정에 쓰인다.
어린이는 독서를 **함으로(써)** 성장할 수 있다.

하얗다/희다 형용사

하얗다는 '깨끗한 눈이나 밀가루와 같이 밝고 선명하게 희다', '춥거나 겁에 질리거나 하여 얼굴이 핏기가 없이 희다', '굉장히 많다' 등의 뜻이 있어요.
희다는 '눈이나 우유의 빛깔과 같이 밝고 선명하다', '스펙트럼의 모든 광선이 섞이어 눈에 반사된 빛과 같다' 등의 뜻이 있어요. '하얗다'에 비하여 빛깔의 선명도가 비교적 낮은 경우에 씁니다.

예) 할아버지 머리가 **하얗게** 세었다.
그 여자는 얼굴이 **희다.**

한데/한테 명사/조사

한데는 동음이의어로 '한곳이나 한군데'라는 뜻의 명사이고, 또한 '사방, 상하를 덮거나 가리지 아니한 곳으로 곧 집채의 바깥'을 이르는 명사예요.

한테는 '일정하게 제한된 범위를 나타내는 격 조사', '어떤 행동이 미치는 대상임을 나타내는 격 조사'로 어떤 물건의 소속이나 위치를 나타내요. 또한 '어떤 행동을 일으키는 대상임을 나타내는 격 조사'로 '에게'보다 더 구어적인 표현이에요.

예 펑 하는 소리와 함께 사람들의 시선이 **한데** 쏠렸다.

(속담) **한데** 앉아서 음지 걱정한다.
○ 자기 일도 못 꾸려 가면서 남의 걱정을 하는 경우를 비유적으로 이르는 말.

선생님**한테** 칭찬을 들어 기분이 좋았다.

한참/한창 명사·부사

한참은 '시간이 상당히 지나는 동안', '두 역참(驛站) 사이의 거리'를 가리키는 낱말이에요.

한창은 명사로 '어떤 일이 가장 활기 있고 왕성하게 일어나는 때. 또는 어떤 상태가 가장 무르익은 때'를 의미하고, 부사로는 '어떤 일이 가장 활기 있고 왕성하게 일어나는 모양. 또는 어떤 상태가 가장 무르익은 모양'을 가리켜요.

예) 그는 **한참** 뒤에 말을 꺼냈다.
한창 붐빌 시간인데도 식당에는 손님이 별로 없다.
요즘 앞산에는 진달래가 **한창**이다.

한쪽/한편

한쪽은 '어느 하나의 편이나 방향'을 가리키는 말이에요.
한편은 '같은 편', '어느 하나의 편이나 방향', '어떤 일의 한 측면' 등의 뜻이 있어요.
두 낱말은 비슷한 것 같지만 쓰임이 조금 다르므로 가려 써야 해요.

예 **한쪽** 눈을 감다.
　　장비들을 **한쪽**에 방치하다.
　　너와 나는 **한편**이 되었어.
　　길 **한편**으로 물러나.
　　고맙지만 **한편**으로는 부담스럽다.

시집가는 딸을 보니 한편 기쁘고
한편 섭섭하기도 하네요.

해어지다/헤어지다

해어지다는 '닳아서 떨어지다'라는 뜻으로 옷이나 신 따위가 닳아서 구멍이 나거나 찢어졌을 때 쓰는 표현이에요.

헤어지다는 '모여 있던 사람들이 따로따로 흩어지다', '사귐이나 맺은 정을 끊고 갈라서다', '뭉치거나 붙어 있는 물체가 따로따로 흩어지거나 떨어지다' 등의 뜻이 있어요.

예 책갈피에 있던 사진은 낡아 너덜너덜하게 **해어져** 있었다.
　　나는 친구들과 **헤어져** 집으로 왔다.

해치다/헤치다

해치다는 '어떤 상태에 손상을 입혀 망가지게 하다', '사람의 마음이나 몸에 해를 입히다', '다치게 하거나 죽이다' 등의 뜻이 있어요.

헤치다는 '속에 든 물건을 드러나게 하려고 덮인 것을 파거나 젖히다', '모인 것을 제각기 흩어지게 하다', '앞에 걸리는 것을 좌우로 물리치다' 등의 뜻이 있어요.

예 (관용구) 감정을 **해치다.**
　　○ 남을 불쾌하게 하다.
　　그는 많은 사람을 **헤치고** 앞으로 나아갔다.

햇볕/햇빛 명사

햇볕은 '해가 내리쬐는 뜨거운 기운'을 가리켜요.
햇빛은 '해의 빛', '세상에 알려져 칭송받는 것을 비유적으로 이르는 말'이에요.

예 단오에는 **햇볕**이 쨍쨍 내리쬐어야 농사에 좋다는 말이 있다.
　풀잎마다 맺힌 이슬방울이 **햇빛**에 반사되어 반짝이고 있었다.

허룩하다/허름하다/허술하다

허룩하다는 '줄거나 없어져 적다'라는 뜻이에요.
허름하다는 '좀 헌 듯하다', '값이 좀 싼 듯하다', '사람이나 물건이 표준에 약간 미치지 못한 듯하다' 등의 뜻이 있어요.
허술하다는 '낡고 헐어서 보잘것없다', '치밀하지 못하고 엉성하여 빈틈이 있다', '무심하고 소홀하다' 등의 뜻이 있어요.

예) 없는 살림에 쌀자루가 **허룩해지니** 걱정이 태산이다.
허름한 옷차림은 그의 신분을 감추기에 충분했다.
그 지역은 경비가 **허술하여** 안전 범죄가 자주 벌어졌다.

헌칠하다/훤칠하다 형용사

헌칠하다는 '키나 몸집 따위가 보기 좋게 어울리도록 크다'라는 뜻이에요. 유의어로 '끌밋하다'가 있어요.
훤칠하다는 '길고 미끈하다', '막힘없이 깨끗하고 시원스럽다'라는 뜻이에요.

예) 형은 나와 달리 키가 **헌칠하고** 잘생겼다.
나무는 파란 쪽빛 하늘을 향하여 **훤칠하게** 서 있었다.

홀/홑 접사

홀은 '짝이 없이 혼자뿐인'이라는 뜻을 더하는 접두사예요.
홑은 '한 겹으로 된 또는 하나인, 혼자인'이라는 뜻을 더하는 접두사예요.
짝을 전제로 하여 혼자임을 나타내는 것은 '홀'이므로 유의해야 해요.

예 **홀**시어머니 모시는 것보다 **홀**시아버지 모시는 것이 더 어렵다.
날씨가 쌀쌀해지면 **홑**바지만으로는 추위를 막기 힘들다.
홀몸도 아닌데 너무 무리하지 마세요. (×)
홑몸도 아닌데 너무 무리하지 마세요. (○)

더 알아봐요!

'홀'은 짝이 되는 대상이 있을 때 쓰는 말이고, '홑'은 겹쳐 있는 것이 없을 때 쓰는 말이에요. '홀몸'은 '배우자나 형제가 없이 혼자 사는 사람'일 경우에 쓰는 말이에요. 또 '홑몸'은 '딸린 사람이 없는 혼자인 몸' 또는 '아이를 배지 않은 사람'을 가리킬 때 써요.

회초리/휘추리 명사

회초리는 '때릴 때에 쓰는 가는 나뭇가지로 어린아이를 벌줄 때나 마소를 부릴 때 쓰는 도구'를 가리키는 낱말이에요.
휘추리는 '곧고 가느다란 나뭇가지'를 가리키는 말이에요.

예 어머니는 자식의 나쁜 버릇을 고쳐 주기 위해 **회초리**를 들었다.
(속담) 등걸이 없는 **휘추리**가 있나.
○ 등걸은 줄기를 잘라 낸 나무의 밑동으로, 부모가 있어야 자식이 있는 것이니 부모에게 효도해야 함을 이르는 말.

흐트러지다/흩어지다 동사

흐트러지다는 '여러 가닥으로 흩어져 이리저리 얽히다', '옷차림이나 자세 따위가 단정하지 못한 상태가 되다', '정신이 산만하여 집중하지 못하다'라는 뜻이 있어요. 가지런하거나 일정하게 질서가 잡혀 있는 대상을 전제로 쓰는 표현이에요.

흩어지다는 '한데 모였던 것이 따로따로 떨어지거나 사방으로 퍼지다'라는 뜻이지요. 대상이 되는 것은 본래 하나의 덩어리 또는 전체를 이루던 개개의 사람이나 물체이어야 해요.

예 자세가 **흐트러짐** 없이 단정하다.
　　졸업을 하면서 친구들이 전국 각지로 **흩어졌다.**

일러두기

✽이 책에서는 자주 쓰면서도 헷갈리는 낱말들을 알기 쉽게 비교하여 정리했습니다.

✽여러 가지 예와 그림을 함께 실어서 낱말의 의미를 알기 쉽게 설명했습니다.

✽낱말의 어원, 문법 용어의 뜻과 활용, 덧붙이는 내용은 별도의 정보 박스를 두어 자세하게 설명했습니다.

✽예문으로 실은 속담과 관용구는 아래의 ✢에서 정확한 의미를 알려 줍니다.

✽띄어쓰기와 맞춤법은 국립국어원의 기준을 따랐습니다.

글 **김금희**

서울에서 태어나 동국대학교 국어교육과를 졸업하고, 방송 작가 및 기자 생활을 했습니다. 현재는 중·고등학교에서 국어를 가르치고 있습니다. 어린이들을 위해 쓴 책으로는 우리 고전 소설을 쉽게 풀어 쓴 《토끼전》과 《장끼전》이 있습니다. 어린이들이 세상과 소통할 수 있도록 돕는 책을 쓰고 있습니다.

그림 **우지현**

서울에서 태어나고 자랐습니다. 그림을 그린 어린이 책으로 《논술이 밥이다》《똑똑한 만화 교과서-고사성어》《한자 대왕 수리온》《13세부터 읽는 논리 노트》《기체, 태양계로 드라이브 떠나다》《소문난 100문제》 등이 있습니다.

감수 **김대조**

아이들을 가르치기도 하고 아이들에게 배우기도 하는 초등학교 교사입니다. 2008년 '매일신문 신춘문예'에 동화가 당선되며 '작가'라는 멋진 호칭을 얻었습니다. 국어가 좋아서 국어 공부를 하다 보니 2007 개정 교육 과정부터 지금까지 초등 국어 교과서 집필에도 참여하고 있습니다. 지은 책으로 《우리 반 스파이》《아인슈타인 아저씨네 탐정 사무소》《니 하오 황짬뽕》《하루 10분 국어 교과서》《귀신통 소리》《낱말 모아 국어 왕》《국어 시간에 졸지 말아야 할 이유 25가지》 등이 있습니다.